JN324339

# キリスト教入門

矢内原忠雄

中央公論新社

# 序

徳川時代における切支丹《キリシタン》の活動は別として、明治維新後キリスト教が日本に伝道されてから八十年であるが、この間キリスト教の伝道は、見方によっては相当成功したとも言えるし、あまり成功しなかったとも言える。ただ政府も国民も概してキリスト教に対して冷淡であり、はなはだしきはキリスト教は日本の国体にそむくものであるとして、公然これを排斥した有力学者も少なくなかった。加藤弘之や井上哲次郎らは、その急先鋒であった。このような碩学《せきがく》によって排斥されたため、キリスト教は日本の国体に合致しないということが教育界の常識となり、それが国民の間にキリスト教の布教及び信仰を困難ならしめたことは明白である。もしも明治政府とその指導的な政治家並びに教育者がそのような態度をとらなかったならば、キリスト教の伝道はもっと順調に行なわれたであろう。

国家主義者のキリスト教排斥は、満州事変後太平洋戦争の終局に至るまでの間において最高潮に達し、迫害による受難者も少なからず出た。しかるに敗戦と、それに引きつづいた占領下の政策は、過去の政府と国民とがキリスト教を迫害した思想的並びに政治的根拠をくつがえし、天皇はみずから現人神《あらひとがみ》であることを否定して、従来日本におけるキリスト教の伝道及び信仰を阻害した最大の障害が除去され、思想及び信仰の自由は実質的に強化された。GHQは特にキリスト教を保護する政策は決して取らなかったけれども、思想及び信仰の自由を確立し、民主主義的な改革を実施した結果、日本におけるキリスト教の布教及び信仰はかつてなき自由を享受し、キリスト教の信仰を求める者の数は著しく増加したのである。

それにしても日本国民は、まだあまりにもキリスト教を知らなさすぎる。西欧文明の内容及び基礎を知るためにも、民主主義的精神を理解しこれを身につけるためにも、ひろく日本国民は一般にキリスト教のことを知らねばならない。しかしそのような知識の問題としてだけでなく、宗教の本来の意味であるところの信仰を得て、人生の生きがいとよりたのみを知るためにこそ、キリスト教を学ぶことがいっそう必要なのである。

私自身は年齢十九歳（数え年）の時、内村鑑三先生の門に入ってキリスト教の聖書を学び始めてから、すでに四十年を越えた。この間、学問のかたわらキリスト教の聖書について講義をしてきたことが多年であり、その一部は終戦後角川書店から単行本として出版された。その縁故によって、キリスト教の入門書を出すことの依頼を同書店から再三受けたが、多忙のために容易に着手することができなかった。しかるにこの夏、ふと思い立って禿筆を呵し、本書の主要部分である「キリスト教入門」の第三章以下、並びにはしがきに当たる「門をたたけ」の一篇を書き上げ、それに従来私の個人雑誌に発表したことのある数篇を加えて出版することにした。（このうち、「キリスト教早わかり」という一篇は、前に郵政省の「教養の書」叢書の一つである拙著『キリストの生涯』の付録として出版されたことがあるが、郵政省の了解を得て本書に加えた。）

私は大正六年大学を卒業したのであるが、卒業後二年を経たころ、親戚や周囲の人々に対する啓蒙的な信仰弁明書を執筆し、これは『基督者の信仰』と題して、大正九年内村鑑三先生の好意により聖書之研究社から出版された。これが私の生涯における最初の著述、すなわち処女作であった。この書物はその後昭和十二年まで数回別々の人の手によって刊行され、累計して相当の発行部数をみたのであるが、終戦後の今日それを再刊するには時代的感覚の推移を著しく感ずるものがあるから、今回はそれによらず、新たに書きおろしの入門書を執筆することにしたのである。

私は、ことわるまでもなく牧師でも神学者でもない。ただの一平信徒であるにすぎぬから、本書のごときも専門の宗教家から見ればいたって素人《しろうと》くさい、素朴な解説であるだろう。しかし本書は宗教専門家のために書いたのではなく、ただの素人のために書いたのであり、しかもできるだけ平易に書いたのであって、素人には素人の書いたものがかえってわかりやすい点もあるかもしれまい。否、信仰のことについては、専門家も素人も区別はない。信仰はすべての人にわかる共通の真理であり、共通の恩恵なのである。これが大胆にも一人の平信徒であるにすぎぬ私が本書を書いた理由である。

本書がわが国民の間にキリスト教についての理解をひろめ、進んでキリストを信ずることを求める人々の助けになることがあれば、どんなにか喜ばしいであろう。

昭和二十七年（一九五二年）八月十五日、終戦記念日。山中湖畔において

矢内原忠雄

目次

# キリスト教入門

# 門をたたけ

求めよ、さらば与えられん。尋ねよ、さらば
見出さん。門をたたけ、さらば開かれん。
（マタイ伝第七章七、八節）

学生Ａ「私は大学に入ってから、自分というものに自信を失いました。今までは自分のなすべきことや、往くべき道は自分で判断して、正しく行動することができると思っていましたが、大学に入っていろいろの事件にぶつかり、またいろいろの人からいろいろの話を聞きますと、自分というものがわからなくなり、自分でどう行動すればよいかわからなくなりました」

先　生「それはおそらく君が大学に入って得た最大の知識の一つでしょう。自分の無力を知ることは、確実な人生のよりたのみ、人間としての立場を発見することの第一歩であり、そのため不可欠の前提条件なのです。私は君が自分というものに自信を失ったことをむしろ祝福します。君はこれから謙虚に真理を求めていくことができるでしょう」

学生Ｂ「僕は、人間各自がそれぞれ自己の主張をもっており、血みどろになってそれを戦わせていくところに人生の実際の姿があると思います。絶対的真理などを主張するものは、人間性に対する冒瀆《ぼうとく》であると思います」

先　生「人間がそれぞれの意見をもっておるのは事実ですが、それを戦わすというのは、相手を説得しようと考えるからであり、そのことは反面では、自分が説得されることのありうることを承認しているのです。すなわち異なった意見の対立の基底には、共通の地盤がなければなりません。全然共通の地盤に立たぬものなら、話の通じようがなく、したがって意見を戦わすということも無意味でありましょう。真理は一つですが、そのとらえ方、感じ方、理解のし方が人によって異なる。これは、他人の意見に対して寛容でなければならぬという根拠にはなりますが、しかし真理の絶対性を否定することにはなりません。『万人の万人に対する闘争』というホッブスのことばは、文明社会の秩序を説明するために設けられた彼の仮定でありまして、人類社会の原始状態の歴史的事実がそうであったのではなく、また世界の基本的構造がそうだというのではありません。宇宙はコスモス（秩序）であって、カオス（渾沌《こんとん》）ではない。それであってこそ、科学の成り立ちうる根底があるのであります」

学生C「私は理性とか説得とかいうことを信じません。それは、理性や説得で戦争を止めることができなかったことからでも、わかります。先生方は、理性の力で戦争を防止することができなかったではありませんか」

先　生「理性を信じないとすれば、何を信じますか」

学生C「実力です」

先　生「なるほど理性は万能でありません。人間の間には非理性的な力が強く働いています。戦争自体が人間の非理性的な行動の一つです。だからと言って、理性を信じないのは人間を信じないのと同じことです。そこには社会もなく、文化もなく、獣的なものだけが残るでしょう。人間が理性に対して懐疑をもち、真理について虚無的となるとき、人間としてつかみどころのある力、人生の確実な支えとなるものは実力だけだということは、一応当然の論理的帰結でありまして、それから非合法的行動の是認、暴力主義の実行へはほんの一歩であり、君たちのきらう戦争そのものの是認さえも、君たちの懐疑主義、虚無主義から簡単に導き出される。力に対するに力、暴に対するに暴ということでは、人類は社会を維持することさえできません。人間が動物と異なるのは、理性的に考え、理性的に行動する能力をもつからであり、それによって人類は社会の秩序を維持し、文化の進歩に努力してきたのです」

学生Ｄ「先生は、理性は万能でない、しかも暴力を否定すると言われるなら、どうして理性が暴力に勝つことができると断定されるのですか」

先　生「それ自体非理性的な力であって、しかも暴力を否定するものは宗教的信仰です。私自身も、人間は理性だけですべての問題を解決することができるとは信じません。人間が自己の能力と理性の限界に失望して、虚無と懐疑に陥る時、それから救い出されて、積極的な希望をもって確実な人生を歩むことができるのは、宗教によるのです。宗教的信仰は理性を超えた一種の『実力』ですが、しかしそれは理性に光明を点じ、理性の能力を十分に発揮させ、秩序と平和の基底として働く力でありまして、暴力的な実力行使とは全然道を異にします。君たちが自己と理性について懐疑的な気持ちに陥り、何か確実な、手ごたえのある力を欲求する心理は私にはよくわかるが、それから暴力是認の虚無思想におもむくか、あるいは平和と秩序に基礎を与える宗教的信仰の道に行くか、そこが人生の分かれ目ですね」

学生Ｅ「僕は、姉にすすめられて少し聖書を読んでみたのですが、現代の科学から見てとうてい信じられないことが書いてあります。先生はああいうこともすべてお信じになるのですか」

先　生「聖書は古い時代に、しかも数世紀にわたる長い期間にわたって、多数の人の書いたものを集めたものですから、その中に現代科学から見て幼稚な、素朴な記事があります。しかし我々が聖書を学ぶ目的は、宗教的真理を啓示する書物としてでありまして、科学書としてではありません。聖書に記されてある記事を社会科学的に、あるいは自然科学的に研究するのは、それ自体として興味あるテーマであることを失いませんが、その場合でも、科学史もしくは科学前史的見地から研究するのが正しいのでありまして、現代科学の理論的水準から見てその記事の当否を論ずるのは、聖書の正しい読み方ではないのです。君たちは、アウグスチヌスの『告白』という本を読んだことがありますか。私の『告白講義』という書物もありますが、聖書の読み方を知る上に、たいへん参考になると思います。アウグスチヌスは青年時代に、聖書の記事が合理的でなく、荒唐《こうとう》無稽《むけい》であるとして、これを軽蔑していた。ところがアンブロシウスの教えに接して、聖書の正しい読み方を知り、それによって目が開かれた」
学生Ｅ「先生は、科学と宗教との矛盾をお感じになりませんか」
先　生「私自身問題はたくさんもっているが、人間としての矛盾は感じません。科学と宗教とは領域が異なる。あたかも科学と芸術の領域が異なり、科学者がみずからピアノを弾いて無我の境地に入ろうとも、歌舞伎を見て涙を流そうともおかしくないように、科学者が宗教的信仰によって人生の意義を見出すとしても、何もおかしくはない。バートランド・ラッセルも、『科学と宗教の争闘時代はもう過去のものとなった』と言っている」
学生Ｅ「でも、宗教的信仰は独断でないでしょうか」
先　生「それは、科学的方法で証明されないというだけのことであって、独断とは言えないでしょう。宗教的信仰は、古来今日にいたるまで多くの人が各自の人生の実験を通して確かめてきた道でありまして、決してかってきままな思いつきではありません。科学はむしろその事実を率直に認め、たとえ自分では宗教を信じないにしても、他人が宗教を信じているものを独断呼ばわりすることは慎しむべきであるまいか」
学生Ｆ「聖書をいきなり読んでも、なかなかわかりにくいのですが、どういうふうにして勉強すればよいですか」
先　生「聖書を学ぶ最善の道は、聖書そのものをくりかえしてよく読むことです。わからないところはそのままにして、わかるところだけわかっていく。時を経てまた同じ個所を読むと、前にわからなかったところも、今度はわかる。あるいは、前に感じたことと別なことを、今度はその同じことばによって感ずる。こうして聖書は何度読んでも、新しい書物であり、したがって永遠の書物なのです。しかし、できれば少しは手引きになる参考書も読んだほうがよい。聖書の語句を説明した注解書が何種類もありますが、これは語学を勉強する際の字引のようなものだから、専門家でない限り何種類も持っている必要はないが、まあ手近なところでは、黒崎幸吉編『新約聖書略注』並びに『旧約聖書略注』が手ごろでよいでしょう。聖書の意味を説明することに力を注いだ研究書もたくさんありますが、この種の書物は、多読は有害であり、むしろ良いものを精読して、自分で聖書そのものをよく読む習慣をつけることが有益であろう。良書の部類に入るかどうか知らぬが、私の『聖書講義』も数種出ています。それから、教会もしくは集会に出て、尊敬できる教師もしくは友人から聖書の話を聞くことも有益でありましょう」

学生G「無教会主義というのを、お話していただきたいのです」

先　生「私は高等学校二年生の時、明治四十四年（一九一一年）十月に、内村鑑三先生の聖書集会に入門を許され、爾来昭和五年（一九三〇年）先生が天に召されるまで師事しましたので、私の信仰は内村先生からだけ学んだと言ってもよいのです。内村先生の教えが無教会主義です。簡単に言えば、キリストに救われるためには教会員にならなくてもよい、ということです。さらに、教会員となるためには洗礼を受ける必要がありますので、無教会主義というのは、キリスト教を信ずるためには洗礼を受けなくともよい、ということなのです。もっとも、これは形式的な点だけをごく簡単に言ったのですが、ともかく私はその無教会信者の一人でして、洗礼を受けていませんし、どの教会の会員としても登録されてありませんから、基督教年鑑の信者統計の数の中にも入っていないと思います。しかし私自身はキリストを信じている者なのです。もっとも私は、洗礼を受けて教会員となっている人々はキリスト信者でない、などというのでは決してありません。その中にりっぱな人のたくさんおられることを知っています。要するに、基督者であるためには、キリストの福音を信ずることだけが条件であって、それ以外の形式的資格は必要な条件でないというのが、無教会主義の主張であります」

学生H「先生、私どもにキリスト教の話をわかりやすくお話してくださいませんか」

先　生「私は専門の宗教家でも、聖書研究家でもなく、ただの平信徒であり、素人の聖書研究者であるにすぎませんが、君たちが希望なら、ボツボツお話してもよい。ただしちょっと話を聞いたからって、すぐにわからないかも知れないよ。何ごとでも、熱心に、かつ忍耐強く勉強しなくては、わからないんだからね。それに、アウグスチヌスの言ったように、キリスト教は入れば中は広いが、入口の門は狭くて低いから、自分の頭を高くしていては、つかえて入れませんよ」

# キリスト教入門

狭き門より入れ。滅《ほろ》びにいたる門は大きく、その道は広く、これより入る者多し。生命にいたる門は狭く、その路は細く、これを見出す者少なし。（マタイ伝第七章一三、一四節）

# 第一章　人生と宗教

## 一　人生の空想と現実

人生は空想の世界である。我々は人生を空想して、いろいろ喜んだりあるいは恐れたりする。ことに若い人は人生の将来について楽しい空想をもつのであるが、「老後の楽しみ」などという言葉があるように、年をとった者にも空想はつきものである。結局、人間というものは、空想を食って生きているようなものである。

ところが、そういう空想を許さないきびしい面が、また人生にある。ロングフェローの詩にあるように、"Life is real, life is earnest."「人生は真実であり、人生は厳粛である」。人生のきびしさにもまた、いろいろの内容がある。たとえば若い人が結婚をする時、夢のように楽しい空想の世界に住むが、だんだんと現実の人生のきびしさを、いやがおうでも経験してくる。ことに子供が生まれると、いまさらのようにびっくりして、人生の厳粛さを痛切に感ずる。新しい生命の出生という自然的でしかも神秘的な事実、赤ん坊の中に存在する無限の潜在的能力、その生涯に起こるべきあらゆる可能性と蓋然性、その出生と成長と生涯の前途について自分の直接もつ責任を直感して、初めてと言ってよいくらい、生命というもの、人間というもの、人生というものの厳粛性を知るのである。

第二に、我々の空想と人生の現実とが衝突して、いろいろの波瀾を呼び起こし、人生の夢の破れることが起こってくる。我々が人間の弱さ、無力さをどうしても感じなければならないいろいろの事件が起こってきて、みじめに我々の空想を打ち破って、我々をあわてさせる。たとえば、病気をすることなどは、通常我々の人生の設計の中に入っていない。

私の大学のある研究生が、学問が好きで熱心に勉強していたが、病気になって療養所に入り、一年たち二年たちしている中に、同僚たちの学業が進んでいくのを見て、自分は病床で髀肉《ひにく》の嘆に堪えない。彼曰く、自分は学問を愛する精神においても、また学問をする能力においても、あえて友人たちに劣るとは思わぬけれども、この健康では学者として身を立てていく望みは薄くなった。しかし、教師にはなれるだろう。経済学者としてではなくとも、経済学の教師としてでも、学問に携わっていきたい、ということを訴えてきた。好漢、学を愛す。その志は壮であって、その病の癒《い》えることを私は切に祈るけれども、しかし相手が病気のことであるから、悪くすると教師にもなれぬかもしれない。自分の志す仕事ができないで、病気のまま一生を終わる人も、世の中には決して少なくないのである。自分の空想した前途が潰滅し、なりたいと思った者になれず、したいと思ったことができなくても、それでも自分の人生には意味がある、生きがいがあるという、そこまで考え及ばなければならない。

病気だけではない。貧困とか、失業とか、死別とか、家庭の不幸とか、全く自分の予定していなかった事柄が人生に起こってきて、我々の空想を乱し、生活の予定を崩してしまう。人生は決して甘いものではない。自分の思うとおりになるものでない、ということを、我々が知ってくるのである。

このように、物質的あるいは肉体的な事柄の不如意だけではない。我々は種々の経験によって、自分の心の中の醜さを知ってくる。自分の不幸を悲しむ心は、往々にして他人の幸福を嫉《そね》む心と裏表になっている。みずから希求するような道徳的状態に、自分の心の現実はなっておらず、またなることができない。ここにも希望と現実との大きなくい違いが自覚されて、我々を苦しませる。

あらゆる形の物質的あるいは肉体的な弱さと、精神的・道徳的な弱さ、外的内的の苦しみと悩みを経験して、それと取り組みあって生き抜いていくのが人生の意味であり、人生のきびしさがそこにあるのである。少なからざる人々がこの戦いに敗れて、人生を生き抜いていく気力を失い、自殺を選ぶ者もある。

我々が人生の厳粛な問題に遭遇し、社会の荒波にもまれて生きていく時に、何かしっかりしたよりたのみがほしい。何かしっかりした立場がほしい、ということは、だれしも感ずるところである。自殺者であろうとも、おそらくあるところまでは、相当努力し、相当苦しみ、相当しっかりしようとして、そしてしっかりできなかった人の、気の毒な姿なのであろう。

そこで、しっかりした立場をどうすればもつことができるか。何がしっかりした立場であるか。何によりたのむか、ということが次の問題になる。

## 二　人生のよりたのみ

たいていの人が、自分のよりたのむものは自分である、と考える。家族だ、親類だ、友人だ、社会だと言ったところが、ほんとうに自分を知る者は自分だけであり、ほんとうに自分の力になってくれる者は自分だけである。加うるに、自分の中には無限の力があり、自分の理性と判断と行動によって、自分を支持していくことができる。それが自分にとって必要でもあり、責任でもあり、また自己の尊厳でもある。——このように考えるところの、自己信頼、自我独尊、自力主義は、個人の責任の強調される自由主義社会の特徴的な思想であって、日本では福沢諭吉がその代表的な主張者であろう。今日でも、そういう人生観を抱いている人は多くあり、一部のまじめな青年たちが自分自身について抱く道徳的空想の一つになっている。

この思想は、堕落すると自己本位の利己主義となり、他人はすべて自分のためにこれを利用し、自分の利益の手段にするという、わがままな生活態度になるが、それ自体としては、個人の独立心と責任観念をその中に含むところの貴重な一面もないわけではない。しかしながら、自己の力によりたのむ自力主義は、すぐに実践上の障害に行き当たる。もしこれで通っていけるならば、世の中のことは簡単であって、そんなに人生の問題に苦しむことはないであろう。自己の力の限界を知り、自己の判断に自信がもてなくなればこそ、いろいろの苦しみと不安が出てくるのである。

この自己によりたのむ思想を拡張して、人間によりたのむという思想がある。前に述べた個人的な自力主義も、性質上は同じく人間本位、人間中心の考えであるが、これは自分をも含めて個人の力の有限なことを認めるけれども、人類全体としての人間の力の無限の可能性を信ずる思想であって、人類の問題は人類自身の努力によって解決できる。そのために科学も研究する、芸術もやる、また社会の組織、政治や、経済の立て方などを研究し、くふうし、一口で言えば人類の文明を進歩させて、それによって人類の問題、ひいては我々各自の人生の問題を解いていこうという、文明主義の思想である。

なるほど、人類の歴史は文明発達の歴史であると言える。人類は古来科学と技術を励み、芸術と政治と経済に励んで文明を発達させ、それによって生活の範囲を拡大し、便利を増進してきたことは事実である。人類の意識的努力の目標としての文明の意義と、それが人間の実際生活上にもつ効用は、だれしもこれを認めなければならないが、しかし同時に、文明が過去において人生の問題を解決したか、現在において解決しつつあるか、将来において解決しうるであろうか、換言すれば、文明ははたして人類を幸福にするかと言えば、そこに大いなる疑問なきをえないのである。

論より証拠である。技術の進歩は人間文明の進歩の枢軸をなすものであって、そのためたいへん便利になったが、一方では、技術が進歩したために、不都合になったこともある。たとえば、戦争を考えてみればよい。技術が進歩したために、戦争の規模が大きくなり、戦闘の方法が残酷になり、被害者が多数になって、人類は相互殺戮《さつりく》による恐怖におびえている。これが、文明の進歩した人類が、自己の文明によって作り出している世界の実状でないか。日本でも世界でも、科学者の中で目立って平和に熱心であるように見えるのは、原子物理学者である。戦争の問題については、世界の物理学者は特に寝ざめが悪いことだろうと思う。物理学者が研究し、努力したればこそ、原子爆弾が作られ、それによって戦争の惨害は古今未曾有《みぞう》の恐怖となった。自分の生み落とした子供が乱暴者になって、世間を騒がせているため、親が恐縮しているように、世界の原子物理学者は、原子兵器を生み出してあわてている。そして、科学を戦争の目的のために使わぬようにせよと言って、必死になって叫んでいる。それは正当な訴えではあるが、しからばだれが猫の首に鈴をつけに行くか。

科学自体にその力がないことは明らかである。そこであるいは国内の経済的社会組織の改革、政治制度の民主化、国際的な政治機構の確立、国内的及び世界的な民衆啓蒙運動と教育の普及――社会主義の実行、民主主義の徹底、国際連合の強化、世界政府の建設、ユネスコ運動、あるいは共産主義革命等、いろいろの主張と努力と思想戦とが行なわれているが、こういうことで人間は完全に幸福になり、人生の問題が解けると考えることは、人類の経験と人生の現実から見て、非常におめでたい思想であると言わねばならない。人間というものは、このような外的な境遇の変化だけでは完成されないものであり、また人間がそういうものであるから、完全な境遇の改造もできないのである。

人間というものは、肉体をもつとともに、霊をもつところの一種特別な生命であって、物質的存在としては直接に外界の影響を受けるが、霊的生命としては宇宙の霊的実在に連なっており、意識的にか無意識的にか、それによらなければ満たされない霊的郷愁をもっている。人間の人格的生命はこの人間以上の霊的実在に基づいているのであり、それに自分自身をつなぎ、それによりたのんで、はじめて親船に乗ったようなゆとりをもつことができる。自分の力によりたのんで自分の生涯を自分で導いていこうと考えて、あくせくする。あるいは文明を築いては壊し築いては壊して、人類の歴史を営んでいく。そういう、人間本位、人間中心の世界だけに住んでいるならば、いつまでたっても人生の問題を解くことができない。

これに反し、人間は人間以上の大きな生命力の中に生きているのだ、宇宙的な霊的実在から生命を受け、それによって支えられているのだ、ということを自覚すれば、はじめて心にゆとりと平安が出てくる。人間の努力あるいは人類の営みが無用になるわけでは決してないけれども、我々の置かれている人格的立場、生命の基盤が、自分以上、人間以上の霊的実在にあることを知って、それによりたのめば、はじめて我々はいかなる境遇の変化にもかかわらず人生の生きがいを知り、希望をもって人生の苦悩を切りぬけていく力を与えられる。これが宗教の意味なのである。

現代においては、宗教無用論を口にする人が多くある。宗教はいらないと言う人々は、自分の力によりたのむか、人類の力によりたのむか、いずれにしても人間によりたのんでいるのである。ところが自分の力、もしくは人間の力に疑いをもつ者、人生の経験上、自己の力と人間の力によりたのめないような事情の下にある人にとっては、宗教は生きるに必要な、それがなければ自殺するなり、自滅するなり、生きる希望のなくなってしまうものである。そういう意味で宗教は弱者のための必要物だと言う人があるなら、そのとおりと答えるほかはない。しかし世に弱者は多いのである。そして、人間の現実と人生の悩みを正しく知るならば、宗教などはいらぬと言っていばることのできる強者が、はたして何人あるであろうか。

## 三　宗教は信ずる価値がないという論について

世間には、宗教はいらないという人々があるとともに、宗教は信ずる価値がないと考える人々もある。その人々は、社会的事実としての宗教の存在は認めるのであるが、宗教は本来信ずる価値のないものであり、あるいは宗教は迷妄《めいもう》であるがゆえに、自分は宗教を信じない、と言うのである。その論拠の主なものは、科学的合理主義の精神である。この人々の議論によれば、宗教は人知の未開であった時代の遺物であって、今日のように科学の進歩した世の中では、宗教を信ずることはできない。科学の進歩によって、宗教というものは、陽に照らされた朝霧のように消えていくべきものだ。科学が進歩して、人間の理性の発達した今日において、宗教を信ずることは迷信だ、今の世で宗教などを信ずるのは気が知れない、と言うのである。加藤弘之はこの意見の有力な代表者であって、宗教は「お化け」であるとの説を唱えた。それで無宗教ということは、今では恥ずかしいことばでなくて、かえって近代的な学問をした人、近代的な感覚をもつ人の、いばって言うことばとなっているのである。

これは人間の理性を重んじた合理主義的な考えであって、さきにあげた人間信頼の思想のあらわれである。この人々にとっては、人間は人間自身の力で、自分の問題を解決するように努力しなければならない。たとえそれが思うとおりに解決できなくても、だからと言って、宗教を信ずべきではない。何となれば宗教は迷信だから。なるほど人間の知識や科学で今わからないこと、解決できないことは多くあるが、それらは今後の科学の発達、知識の進歩によってわかっていくもの、解決されていくべきものであって、その解決を宗教に求むべきではない。それは文明のあと戻りだ、というのである。

宗教ははたして迷信であるか。迷信といわれるものには、二つの要素があるように思われる。一つは、科学的に真理でないことを、知識の未発達のゆえに真理であると信ずることである。第二は、道徳的に真理でないものを人格観念の誤謬《ごびゅう》のゆえに、実践道徳の基準として示すことである。それゆえに宗教が迷信であるか否か、もしくは正しい信仰と迷信とを区別する標準は、それを信ずることによって科学の進歩と人倫の道徳が阻害されるか否かによって、判断されるべきである。すべて樹《き》はその果《み》によって知られるのである。

なるほど、近世自然科学の発達によって人間の理性が磨《みが》かれ、人々の考え方が合理的になってきたことは、否定することができない。それによって人間の生活上、迷信的要素が減少していったことも、また事実である。それは近代科学的文明によって獲得された人類の一進歩であると考えてよい。

この科学的合理主義精神の隆盛は、もちろん宗教に対しても大きな影響を与えずにはいなかった。多くの迷信的要素が除かれて、宗教の内容が純粋化された。言語学、考古学、人類学、比較宗教学等の発達によって、宗教原典の批判的研究が行なわれ、その歴史性が検討された。これらは宗教それ自体のために、正しき理解を与えることに役立ったのであるが、薬がきき過ぎて、科学的合理主義に完全に屈服し、宗教の本質自身を合理化しようとする動きさえ見られた。すなわち科学的に納得できない要素を宗教からすべて取り去ってしまうというのであって、たとえば、キリスト教の聖書の記事中、奇蹟の問題に多くの人がつまずく。それで、奇蹟の記事はできるかぎりこれを合理的内容に変形して解釈し、どうしても説明困難なものはこれを原始キリスト教社会における時代的迷信の混入であるとして除去抹殺《まっさつ》し、後に残る歴史的事実と道徳的教訓だけをキリスト教の内容として認めよう、というのである。これは、早くはルナン、近くは、H・G・ウエルズなどが唱えたものであって、キリスト教から奇蹟的要素を除き、「汝の敵をも愛せよ」という至高の教訓を教えた倫理的宗教、道徳的宗教としてだけ、その意義を認めていこう。これが現代においてキリスト教を生かす唯一の正しい道である、と主張するのである。これは、いわば宗教の合理化運動である。

ところで、他方においてはこれと反対に、宗教の非合理性を認め、その非合理性そのものを科学的研究の対象としようとする者もある。サー・オリヴァー・ロッジなどの主唱した心霊学がそれであって、これは普通の科学者のように霊魂の存在を否定せず、むしろ人間の霊魂を認め、その働きを科学的に研究しようとするのである。これら心霊学者の興味の対象は、宗教の超自然、非合理的要素にあるのであって、倫理的道徳的生活にあるのではない。この点において、合理的宗教と対蹠的《たいしょてき》である。

実際、科学は発達したけれども科学で説明のつかぬような事実は人生に多くあり、いわば科学万能思想の盲点を突いて、非合理的・神秘的な宗教もしくは擬似宗教はいまなお世に蔓延《まんえん》している。人間は科学的合理主義ではどうしても心のよりたのみを得ず、何か人間以外の判断にたよりたい欲求をもっている。日本においても、霊媒による霊交術から、街頭の占い師にいたるまで、科学的合理主義の万能に対する反抗と挑戦は、戦後決して衰えていないのである。

そこで我々は、宗教の純粋性のために、非合理性と道徳性という二つの要素を重要視する必要を知るのである。もしも人間の理性ですべてのことを処置できると言うならば、宗教の必要はなくなるであろう。いわゆる合理的宗教は、真の意味では宗教と言えない。キリスト教から奇蹟的要素を除いて、我々の理性で納得できる道徳的要素だけを残したものなど、これは宗教でない。これは一つの道徳の教えにすぎない。人間の理性を超えたもの、霊的生命の欲求、これが宗教の本質であり、宗教の存在理由であって、これ以下のものは真の宗教ではない。そしてこのような霊的宗教であってこそ、「汝の敵をも愛せよ」という至高道徳が教えられ、また教えられるだけでなく、その実行の能力さえも与えられるのである。神を信ずる信仰を背景にもち、それに基づく道徳訓と、そうでない道徳訓とでは、その内容の高さにおいても、実行力においても、格段の差があるのである。

他面において、霊的作用を認める心霊学、霊媒術、あるいは加持、祈禱、占い、異言の類は、科学的に見て明白に根拠のないものと、少なくとも科学によって否定されがたいものとがあるであろうが、人間の道徳生活に直接の関連をもたぬことは同一である。そして人間に高き道徳を教え、かつ人生の道徳的実践力をもたぬものは、その限りにおいて真理に遠く、したがって迷信的要素を含むものと言うべきである。それは人生の問題を解決する力をもたない。何となれば、道徳的なものだけが人間的だからである。

真の宗教は、科学的合理主義を含みつつそれよりも大きく、道徳主義を含みつつそれよりも高くある。人間は科学よりも大きく、道徳よりも広い。人間の霊的生命の欲求を満たし、人間の理性と道徳とに高き刺激を与え、人生の問題を解決し、理想と現実との矛盾の中にあって人生の生きがいを知らせ、希望と平安の根源を賦与《ふよ》する力として、真の宗教はこれを信ずる価値があるのである。十ぱ一からげに、「宗教は化け物である」などと言う者は、決してその主唱する科学的合理主義に重きを加えるものではない。真の科学的精神は、真理と人生について、もっと慎重であり謙遜であるはずだと思われる。

## 四　宗教は信じたくても信じられぬという人について

宗教無用論、宗教無価値論につづいて、もう一つ、宗教を信じたくても信じられないという部類の人がある。この人々は、宗教を軽蔑するわけではない。宗教はけっこうなものであると言い、宗教を信じている人は幸福であると認め、あるいは羨望しさえするのであるが、さて自分は宗教を信ずることがどうしてもできない、宗教の世界にとび込んでいけない、と言って訴えるのである。これは、その人々が「宗教を信じたいと思ってる」というその言い方自体に問題があるのである。

信仰の世界に入る入り方は、人によっていろいろある。理屈ぽく考えないで、すなおにはいって来る人もある。いろいろ頭で考え悩んで、宗教に入りたいと思うけれども、容易に入れない、と言う人もある。

ある時、多くの罪人、取税人らがイエスのところに来て、ともに食事の席についた。それをパリサイ人が批難して、イエスの弟子たちにむかい、「何故汝らの師は取税人・罪人らと共に食するか」と言ったのを聞いて、イエスは、「健康なる者は医者を要せず、ただ病める者これを要す。我は正しき者を招かんとにあらで、罪人を招かんとて来れり」と答えたという記事が聖書にある（マタイ伝第九章一〇―一三節）。ここに、イエスに来る人は罪人であると、はっきりした限定が下されている。「罪人」というのは、必ずしも刑事上の犯罪人という意味ではなく、自分の道徳的な弱さ、無力さ、悪《あ》しさを知って、良心のとがめを自覚する人、と解釈してよい。こういう人は、イエスに来る。これに反し、道徳的な苦しみをもたぬ人は、イエスを求めず、求めてもわからない、という意味である。

さらに範囲を拡大して、すべて人間的弱さを知る人、たとえば病気をする、愛する者に死別する、その他人生についての希望と空想が打ち破られてみじめな人間の状態と自己の無力を自覚した人、こういう人であるならば、病人が医者の所にいくようにその人々は宗教を求め、宗教による救いを受ける者である。これに反して、おれはだいじょうぶだとか、おれの力でやって行けるとか考えている人、自分と人間の力によりたのんでいる人は、宗教を求めない。求めても、入れない。ほんとうに宗教の味がわからない。アウグスチヌスの言ったように、神の国の敷居をまたげば内は広闊《こうかつ》だけれども、入口の鴨居《かもい》が低いから、高慢心のある人は頭がつかえて、入れないのである。たとえ不幸な境遇の中にある人でも、自分の力もしくは人間の力をよりたのみとする人は宗教を求めない。これに反し、比較的順境にある人でも、自分の空《むな》しさを知る人は宗教を必要とする。信仰をつくるものは境遇ではなく、人間としての自覚が神に対して謙遜であるか傲慢《ごうまん》であるかによるのである。

それゆえ、宗教を信じたいと思うけれども信じられないという人は、その「信じたいと思う」ことが、自分の知識の満足であったり、理性の要求であったり、あるいは他人の信仰を見て感心する程度であるならば、それは真に宗教を求めているのではない。その求めているものは、知識欲か、傍観者的好奇心であるにすぎない。だから、いくら宗教を研究しても信仰が与えられないのは当然である。

これに反して、人生を実際に生きるに当たり、人間の理性の限界と、自己の無力とを知って、自分で自分をほんとうにどうもできない人。岸の上に立って、思索したり、眺めたり、あこがれたりしているのでなくて、自分が人生を泳いで、溺れそうになっている人。そういう性質の求め方をする人ならば、だれに対しても宗教の門は常に開かれている。だれでも信仰に入ることができるのである。

## 五　どの宗教を信ずるか

さて、宗教は必要であると思い、宗教は信ずる価値があると考え、また宗教は信じられるとして、具体的にはどの宗教を信ずればよいか。世界的宗教、すなわち一つの民族の範囲を超えた宗教だけでも、仏教あり、マホメット教あり、キリスト教あり、その他、ユダヤ教とか、日本の神道とかの民族的宗教があり、これらの宗教の中に多くの派があり、その中どれを選んで自分の宗教とするか、ということが問題になる。

ある人々は考える。世にいろいろの宗教があるけれども、真理は一つだから、どの宗教

ときめて考えるのは、一つの宗教に偏するものであって、狭い考えである。古歌にあるように、

わけ登る麓の途は多けれど同じ高根の月を見るかな

で、道は多くあるけれども、絶頂は一つであり、同じ日の出を見、同じ月の出を見るのだから、あの宗教もしくはこの宗教でなければならぬことはない、と言うのである。こういう人々は宗教を軽蔑するわけでないが、自分が宗教より上にあって、いろいろの宗教を観察する態度であるから、自分の宗教がもてないのである。こういう態度はまた、他の宗教に対して寛容である根拠にはなるが、自分の宗教に対する積極的な信仰の理由を与えない。すなわち、自分はこの宗教を選ぶという積極的な態度は、この古歌から出てこない。この歌は信仰を求める者の態度でなく、信仰を眺める傍観者の態度であって、多くの場合、信仰に入ることを妨げる有害な作用をしている。分け登る麓の道は多いが、自分が登るには、どれか一つの道をきめて、頂上までその道を登りつめなければならぬ。その決定、その決断は一つであり、一つしかありえない。その人自身にとっては、登山路は絶対に一つしかないのである。

それから、世に多くある諸宗教の長所をとって、それを一つの宗教に合わせ、その精髄

を集めたものを自分の宗教とする、という考えの人も案外多い。「生長の家」などが、その適例である。この考えの特徴が二つある。一つは、自分が多くの宗教の中から教義もしくは教訓を取捨選択するのであるから、自分がすべての宗教の上に立つという、傲慢な立場である。第二は、一宗一派に偏せず、多くの宗教のよい点を集めるというのであるから、自然その態度が、人をつまずかせない、人ずきのするようなところだけ集めることになり、八方美人的な、合理主義的な教訓集となって、啓示宗教としての霊感をもたず、人間を人間以上の霊的生命につなぐところの革命的な力を失ってしまうのである。現存世界三大宗教のほかに、世界的な新宗教をつくる可能性は、ないと考えてよいであろう。

それならば、どれか一つの宗教を選ぶとして、そのためにはまず各宗教を研究して、その比較研究の上にいずれかを自分の宗教として、選定すべきである。諸宗教を比較研究した上で、キリスト教がよいと納得できれば、キリスト教を信じよう、と、こういうふうに考える人もある。これは一見、公平な合理的態度であるように見えるが、実は宗教の本質についての重大な誤りを犯している考え方である。

第一に、宗教の生命は信仰にあって、知識にあるのではない。我々が宗教を求めるのは、宗教学者もしくは宗教哲学者として求めるのではなく、人生を生きるための力として求めるのであるから、信仰は教義の比較研究という方法によって学び得られるものではない。宗教の本質は、霊的な神が人間各自のたましいに対しての直接の啓示であり、直接の呼びかけであるから、我々のたましいが神の呼びかけに感応して、愛をよび起こされるならば、それで神を信ずるのである。宗教の比較研究は、神に対する愛を、したがって信仰をよび起こさない。かりに比較研究によってキリスト教の長所短所、もしくは特徴を知り、キリスト教が他の宗教よりも「比較的に」すぐれていることを結論したとしても、それによってキリスト教を信ずる信仰は起こらない。信仰はその人にとっては絶対的なものであって、比較的・相対的な価値ではないのである。

第二に、信仰を求めるものは、人生の生きる力として、実践的にこれを求めているのである。それは、どうしても自分の力では行けなくなって、死地に活を求める必死の問題であって、いろいろの宗教を比較研究してからというような、のんきな場合ではない。もしも、キリスト教を信ずるためには、一とおり他の宗教も研究してからということであれば、たとえば仏教を研究するだけでも一生かかるであろう。いわんや、研究だけでは仏教もわからない。仏教も一つの宗教である以上、仏教を信仰しなくては、仏教はわからないであろう。各宗教を比較研究した上で、自分の宗教を選定するという態度は、信仰の本質に対する全然の誤解であって、今苦しんでいる人をただちに助ける力でなければ、信仰とは言えないのである。

こういうわけで、どの宗教を自分の宗教として選ぶかという問題は、実は、自分がどの宗教によって選ばれるかという問題である。自分がキリスト教を信ずるのは、広く他の宗教を研究して、比較した上のことではない。ただ自分がキリスト教の前につれて来られて、その真理を示され、キリストに対する愛を呼び起こされて、それで信じたのである。信仰的に言えば、神の恩恵によるのである。神の恩恵によって、ある時ある機会が与えられ、あることによってある人からキリスト教の話を聞いた。それが機縁となって、だんだんキリスト教の真理が自分のたましいに入って来、キリスト教の信仰が自分の中に形成されていった。我々がキリスト教を我々の宗教として選んだのは、簡単にこれだけの過程なのであり、それで十分なのである。我々は伝えられて聞き、聞いて信じ、信じて生命を与えられた。これは神の恩恵なしには、ありえなかったことである。この自覚が我々の信仰告白の実体なのである。

我々は、もちろん、キリスト教以外にも宗教のあることを知っている。しかし比較研究とか、「わけ登る麓の途」の歌などは、我々が一つの宗教を信じた後の問題であって、我々自身が、一つの具体的な、積極的な、絶対的立場に立てばこそ、他の宗教についても研究し、その特徴を理解し、それについて寛容と尊敬を払うことができるのであって、くり返して言うごとく、比較研究の結果として信仰が生まれるのではない。世には、いろいろの宗教を遍歴して、ついにキリスト教に到達する人もある。たとえば、仏教を信じていたが、それに満足できないで、キリスト教に来てついに救われたと。こういう人も、仏教を求めていた時は仏教信者であり、またはあろうと求めていたのであって、仏教とキリスト教とを同時に信じ、もしくは同時に求めていたのではない。信ずる者にとって、信仰は常に唯一であり、絶対的である。

それならば、他の宗教を信じている人に対しては、どういう態度をとるべきか。たとえば、仏教を信じている人は、それだけの理由があって信じているのであろうから、我々はもちろんこれを軽蔑しない。のみならず、尊敬さえ払うことができる。だからと言って、我々がキリスト教を信ずることの絶対的価値を否定するものではない。我々は我々の信仰を誠実に告白し、その真理を世にむかって証明すればよいのであって、あとは、真理みずから真理のために戦うであろう。信仰の主張は絶対的でなければならない。それでなければ、信仰でない。しかしその絶対性の主張は、他の宗教を軽蔑するために言うのではなく、我々に示された真理の絶対性を主張するために言うべきである。

こういうわけで、キリスト教は普遍的真理であるが、自分がキリスト教を信ずるということは、個人的な問題である。個人的問題ではあるが、信ずる者各自にとっては絶対的真理なのである。

# 第二章　いかにしてキリスト教を学ぶか

## 一　教科書としての聖書

神の恩恵によりキリスト教に導かれて来て、さていかなる方法によってこれを学ぶか。いろいろの入門書や解説書やその他信仰的な書物があるが、いわば基本的な教科書とも言うべきものは聖書である。聖書を読まないでは、キリスト教を学ぶことはとうていできないのである。

聖書は英語で「バイブル」という。これはギリシャ語の「ビブロス」の訳語で、「ビブロス」は「書物」の意味である。それに「聖」という字を加えて、「聖書」と呼んでいるのである。

聖書は著者や年代を異にする六十六の書き物を集めたもので、その中三十九が旧約聖書、二十七が新約聖書、両者を合わせて旧新約聖書と呼ばれる。旧約・新約というのは、古い契約、新しい契約という意味であって、神が人類に対して約束し給うた救いの契約である。

それをイエス・キリストの降誕の前後によって区別して、キリスト降誕以前に記された救いの預言を旧約聖書と名づけ、キリスト降誕以後に著述された救いの証明を新約聖書と呼んだのであって、両者を合わせてキリスト教の経典たる聖書を成す。旧約聖書はユダヤ教の経典であってキリスト教会には無用なもののように考えるのははなはだしい誤解であって、キリスト教を学ぶためにはぜひとも旧新約聖書を一体として学ばなければならないのである。

旧約聖書の原語はヘブライ語であり、ただその中ダニエル書の一部分だけアラミ語で書かれた所がある。旧約聖書のギリシャ語訳は「七十人訳」（セプチュアジント）と呼ばれ、キリスト降誕のころ、ユダヤ人の間にひろく行なわれていた。

新約聖書の原語はギリシャ語であり、それのラテン語訳は「ブルガタ」と呼ばれ、中世紀までヨーロッパで普及していたが、宗教革命期以後ギリシャ語の原文から直接世界各国の近代語に翻訳されるようになった。今日では一千種類以上の国語、地方語、方言等に聖書の全部もしくは一部が翻訳されており、地球上の有力な諸民族はもちろん、共通の言語を語る人口がわずかに二百人、三百人しかないような、アフリカや南洋の未開土人の部落でさえ、自分の言語で聖書を読むことができる。翻訳されている言語の種類が多いことと、発行部数の多いことで、聖書ほど全人類の間に行きわたっている書物は他に類例がないのである。

聖書を学ぶには、注解書や聖書辞典や、語句索引や、異同一覧等、研究者に便利な参考書ができている。我々の知識の程度と研究上の必要に応じて、一とおりこれらの参考書を座右に備えて置くことは便利なことであるが、しかし普通の人が聖書を学ぶ目的は、知識を学ぶためではなく、信仰を学ぶためであるから、このように研究上の参考書がなくても、直接聖書そのものを読めばよいのであり、一方ではまた、いくら聖書について研究しても、聖書そのものを味読しなければ信仰の益にならないのである。聖書の真理をさとる力は学問ではなく、信仰なのだから、聖書は無学の民衆にもひろく開放されているところの民衆の書である。

同様のことは、聖書の原語の知識についても言える。聖書を原語で学問的に研究するには、ヘブライ語、ギリシャ語のほかに、アラミ語、アラビヤ語、ペルシャ語等の知識が必要となる。そのような専門的な聖書学者でなくても、ヘブライ語、ギリシャ語の知識を一とおりもって、聖書を原語で読むことは大いなる快楽でもあり、また利益でもある。多くの人が原語学習の刺激を受けることはけっこうなことである。しかしそれはキリスト教の真理を学ぶ上において絶対的に必要なことではない。基督教会における古今最大の神学者であるアウグスチヌスでさえ、聖書は彼の国語であるラテン語で読んだのであって、彼がギリシャ語の聖書を読みえたか否かについてさえ疑問がもたれているほどである。まして普通の人間はおのが国語に翻訳されている聖書でキリスト教の真理を学ぶのに十分こと足りるのであって、原語を知らぬことは何の引けめにもならない。日本語聖書のフリガナだけひろって読むような老人でも信仰のきわめて純真な人があり、これに反して原語で聖句を暗唱するような人でも、信仰の薄弱な人もある。要するに聖書を信仰的に学ぶためには、学問的素養は第一の必要条件ではないのである。

と言って、キリスト教は学問を軽視するものでは決してない。キリスト教の信仰を与えられると、知識欲が旺盛に刺激されることはきわめて顕著な事実である。文字を知らなかった老人も、聖書を読むために「いろは」を覚え、聖書によって漢字を覚えて、文字ある人となった実例もある。原語によって聖書を読みたいために、ギリシャ語、ヘブライ語の学習を励む平信徒も少なくない。さらに聖書以外の事柄についても、我々の学問的興味と知識欲が活発に刺激され、キリスト信者の知識欲が老衰しないことは、見のがすことのできない事実である。それはそのはずである。自然界も、人類社会も、すべて神の創造し、運営し給うところであり、神の真理によって支持されているのであるから、神を信ずる信仰が与えられたならば、自然及び社会に現われる神の真理を知りこれを讃美したいという欲求が、無意識の中に刺激されることは当然なのである。

こうして、キリスト教の真理を学ぶためには、聖書が基本的な教科書であり、その他の知識や学問はすべていわば補助学科の役割をもつ。聖書の内容には自然界の記述もあり、歴史書もあり、法典もあり、祭祀あり、道徳あり、社会生活あり、個人の心理の描写もあるから、それらの記事を理解するために、自然科学、社会科学、人文科学等のすべての学問が役立つのみでなく、神の真理の広さ、高さ、深さを愛する真理愛の精神を豊かならしめることにおいて、学問に対する興味はキリスト教の信仰に活気を注入するのである。語弊があるかも知れないが、神の真理は常に神学よりも大きいのである。キリスト教の真理を学ぶためには、必ずしも神学校に行く必要はない。普通の学問をしている者が、神学者よりもかえって深く神の真理を知ることもありうる。否、学問に携わらぬ普通の人の方が知者学者よりもさらに深く神の真理を知ることもある。そのように聖書は学者の書であり、無学者の書であり、万人によって学ばれるべく、万人によって解されるところの人類の書なのである。

## 二　教師の問題

何事でも、これを学ぶには教師のあることが望ましくあり、少なくとも最初の手ほどきをしてくれる人が必要である。聖書を学ぶについても、全くの独学ということは困難である。聖書という書物は、初めてこれを読む時には、だれしもすぐにのみこめない節がたくさんある。やはりこれは人の教えを受けて、順次理解を増していくべき書物である。

しかしながら、ここに注意を要する点が二、三ある。第一に、聖書にはわかりにくい点もあるが、また初めて聖書を読む人にもわかる点も多くある。普通の人間が、信仰を求める心で読むならば、心に触れる聖書のことばが一つや二つは必ず見出される。聖書の全部は理解できずとも、その心に触れた点だけを味わい学ぶことによって、キリストの真理は学ばれていくのである。ただちに聖書の全部が理解できぬことは当然であって、何の学習にせよ、最初から全部を知ることはできないのである。

第二、聖書を学ぶ目的は、信仰にあって知識にない。信仰は単純であって、キリストの救いを信ずるというただ一つの点である。だから、その信仰さえ与えられたならば、聖書全体がわかってくるのであり、これに反し、信仰を求める心で学ぶのでなければ、いくら聖書を読んでも理解が進まないのである。

第三に、我らに聖書を教える最大の教師は聖霊である。聖霊というのは、神の霊であって、信仰を求める者各自に対し、真理を求める目を開き、理解を心に啓発し、各自の要求と程度に応じて、いわば個人指導により聖書の真理を教え給うのである。我らは聖霊の助けを意識しないことがある。しかし聖霊の助けなしには、何人も神の真理をさとることを得ないのである。

それゆえ、聖霊の助けの下に、人は全くの独学で聖書を学ぶことが絶対に不可能なわけではないが、通常は教師につき、友人とともに聖書を学ぶことが、最も効果的であることは言うまでもない。

それならば、どこで聖書を学ぶか。普通教会に行けば聖書が学べると思う。しかし実際は、教会に行っても必ずしも聖書が学べるとは限らない。カトリック教会では、「公教要理」というものを教えられるが、聖書は教えられない。その理由は、聖書はむずかしくて普通の信者にはわからないから、というのであるが、これは二つの点で誤っている。第一に、聖書は普通の信者にわかりにくいものではなく、その重要な教えはだれにでもよくわかるものである。聖書は民衆の書であって、決して学者僧侶その他特権階級の書物であるのではない。新約聖書の原文が「コイネー」と呼ばれる当時の民衆語で記されて、文雅語でなかった事実から考えても、聖書が本来民衆の書であったことがわかる。

第二に、「公教要理」はカトリック教の公定の教義を述べたものであって、その範囲を出ることはカトリック信者には許されない。それはカトリック教会の教義を人にしいるものであって、各人が直接神から教えを受けるという人間の基本的自由をそこなうものである。神の真理は各人が聖書によって直接神から啓示されるところであり、したがって一般の人に聖書を読むことを禁ずることは、人と神との直接関係を遮断するものであって、最大の専制と言わねばならぬ。各人は聖書を読みかつ研究する自由を与えられねばならぬものである。

以上二つの点でプロテスタント教会は、カトリック教会に対して大きな改革をなしとげた。聖書は民衆の書として開放され、各民族の現代語に翻訳され、だれの手にもわたり、だれでもこれを読む自由が認められた。しかも、不思議なことに、プロテスタント教会においてさえ、聖書は神学者もしくは教職の専用の書となる傾向があり、普通の信者に対しては聖書はあまり教えられず、ことに旧約聖書はほとんど教えられないのである。教会の日曜礼拝説教は、聖書を説くことよりも教師の「感想」であることが多い。週日に聖書研究会をもつ教会は多いが、それに出席する信者は比較的に少ないのである。概して言えば、プロテスタント教会の行事は説教と社交と運動とが中心であって、聖書研究は、たとえそれを実行しているところでも、むしろ従たる地位を与えられているにすぎない。

この点において画期的な改革を実行したものは、内村鑑三先生の無教会主義であった。先生はその集会をば教会として組織しないで、これを聖書研究会と呼び、先生の日曜集会そのものが聖書研究会であった。先生はまた旧約聖書にも新約聖書同等の重要性を置いて、聖書全体の研究と講義を伝道の中心とした。また先生の創刊した月刊雑誌を「聖書之研究」と題し、聖書の教えを国民の間に普及するに力をつくした。先生の流れをくむ無教会者の伝道は、いずれも先生の創始された集会及び雑誌の形式と方法と精神を継承して、聖書の研究をすべての人に解放し、すべての人の中に聖書を学ぶ心を刺激し、聖書の研究を信仰生活の中心としているのである。無教会主義にいかなる欠点があるにせよ、そこに来て聖書を学ぶ熱心がよび起こされぬことはなく、聖書を知る意欲の満足されぬことはない。そうしてこれこそ、キリスト教を学ぶ者にとって最も重要な点なのである。

要するに、教会であろうとも、無教会であろうとも、人はそこに来て教師につき、また友人とともに聖書を学ぶことが、キリスト教の信仰を得るために必要もしくは有益である。もしも地理的関係もしくは個人的事情によって集会に出ることのできない者は、聖書研究の書籍雑誌によって誌上のエクレシアにつらなり、いわば独学で聖書の勉強をする道はある。またかかる人々を訪問して聖書の真理を解き明かすことは、伝道者の重要な仕事であろう。ただ独学にせよ、人について学ぶにせよ、真の教師は常に聖霊自身であることを忘れてはならない。

## 三　実習と実験

何の知識でも、自分で実習し、実験を経なければ、ほんとうに自分のものとならない。いわんや人生の生き方を教える聖書の真理は、自分の体験を通して初めて心からわかるものである。しからばその実習もしくは実験の場所はどこかと言えば、我々の家庭、我々の職場、否我々の生涯の全体が聖書の真理を学ぶための実験教室である。

人生には悲喜哀楽、さまざまの経験がある。平生学んできた聖書の言が、これらの経験のまっただ中において思い起こされ、そうだ、そのとおりだと、たましいの底深く味わわれた時、初めてそれはほんとうに自分のものとなるのである。

聖書は研究的に読むこともできるし、実験的に読むこともできる。実験的というのは、聖書を自分の身に当てはめて読むことである。聖書に「汝」とある言を、自分に対する直接の個人的な呼びかけとして読むことである。聖書を外側からでなく、内側から読む心の態度である。これが、時に臨んでキリストの声を我々のたましいに聞くための準備であり、素養である。

それゆえ聖書は我々の人生の経験が進むにつれて、だんだんとわかっていくのであって、初めから全部わかるものではない。わからない点があっても、決してあせったり、失望したりすることなく、それを心の奥深くつつしみをもってしまっておき、わかるところだけをわかっていけばよい。しかも聖書の真理は学問の知識と異なり、その最もたいせつな要点は信仰生活の最初からわかるものである。すなわちだれでもキリストの教えを信ずるならば、神から心の平安を与えられるのであって、この基本的な信仰が、人生の経験を重ねるに従ってだんだんと広さ深さを増し、信仰より信仰にと進んでいく。そして終りの日には、聖書の奥義はことごとく我々の目に明らかにさとられて、あますところはないであろう。

## 四　レクリエーション

学校では教室や実験室での教育のほかに、レクリエーションとして、運動会や音楽会のたぐいが行なわれる。これは娯楽を兼ねた教育の方法であって、広い意味での人間教育の一部である。基督教の真理を学ぶについても、それにふさわしいレクリエーションがある。その第一は、聖書自体を楽しんで読むことである。聖書六十六巻、その中には歴史書もあり、法律書もあり、伝記もあり、古代社会の生活記録もあり、詩歌もあり、格言集もあり、その範囲の広範にして材料の豊富であること、その描写が素朴であり自然であって人間性の深さに徹していること。聖書のおもしろさを知れば、世間の小説を読まなくても、文学に対する渇きを感ずることはないのである。

しかし、聖書以外の読書も不必要なわけでは決してない。学問は進歩し、知識の範囲は広まっていくから、我々の事情と能力とが許すならば、たえず書物を読んでいることが、キリスト教の真理を広い基盤の上で理解することに役立つのである。内村鑑三先生は聖書研究の余暇、大英百科辞典を開いて、あちらこちらの項目を拾い読みすることを楽しみにせられた。これは一種のレクリエーションであって、先生がコチコチの型にはまった宗教家の弊に陥らないで、聖書の理解が深く広くあったことの一つの原因は、先生の学問的興味の範囲が広くあった点にあると思われる。

次に、音楽、絵画等の芸術もまた、キリスト教の真理を学ぶためのレクリエーションでありうる。基督教会で讃美歌の普及していることは、その理由があるのである。讃美歌を歌えば信仰ができるわけではないが、信仰によって讃美歌を歌えば、神への讃美と人への愛の思いが助けられる。信仰なしに歌う讃美歌は空虚であるが、信仰にあふれて歌う讃美歌は真に美しく、楽しい。

最後に、自然の美を楽しむことが、キリスト教の真理を学ぶについての一大レクリエーションである。星のきらめく大空、波濤の押し寄せる海原、峰の松、小道の野花、いずれも神の創造の御業《みわざ》であって、神をほめたたえ、神に祈り、神にしたがっている。我らは、時に戸外に立ちて空を仰ぎ、野に出でて川の流れるのを見なければならぬ。それによって我らの心がなぐさめられ、真理の啓示を受け、たましいのいこいを得ることが少なくない。宇宙の万事万物、我々が神の真理を学ぶ助けとならぬものはない。それは、神はすべてこれらの物を創造し、神の知恵と愛とがそれらすべてによってあらわされているからである。

学問、芸術、自然、すべてキリスト教の真理を学ぶためのレクリエーション的意味をもつが、しかしこれらのものが重んぜられて、聖書を学ぶことが軽んぜられるならば、それは本末顚倒《ほんまつてんとう》である。往々にしてキリスト教会が、説教、音楽、社交、パーティー、ピクニック等に力を注いで、聖書の研究もしくは講義を軽んずるきらいがあるのは、レクリエーションを主として教室や実験室での教育を軽んずる学校のようなものであって、その建前が根本的に誤っている。これに比すれば、初代のピューリタンが聖書をもっぱらにして、世俗的な社交もしくは娯楽を禁止し、もしくは奨励しなかったことのほうが、信仰を養う上において、極端ではあっても有益であったと思われる。あまりに世俗的なレクリエーション宗教に対しては、ある程度ピューリタニズム精神への復帰の必要が感ぜられるのである。

## 五　信仰を学ぶ態度

最後に、信仰を学ぶ態度はどうあるべきか。第一に、動機を純粋にすることである。信仰を学んで何を得ようとしているか、ということである。我々自身の罪の赦《ゆる》し、たましいの平安を心の要求として信仰を求めるならば、それは必ず与えられる。これに反し、たましいの救い以外の何かこの世的な利益を得るため、たとえば単なる知識欲とか、商売繁盛のためとか、結婚のためとか、そういうことのために信仰を学ぶ、あるいは洗礼を受けるというのであれば、動機が不純であるから真理を発見することができない。

第二に要求せられることは、誠実な心の態度である。人間同士の交際でも、たいせつなことは相手の人格に対する真実な態度である。いわんやこれは神を知り、神の子キリストを知ることであるから、真実な心でなければ、とうてい聖書の真理を知ることができない。第三に、忍耐が必要である。深い神の真理を知るためには、いろいろな経験を重ねて学んでいくのであって、悲哀と苦難の経験を通らないで、神の真理がわかることはほとんどない。神は神の真理を我々に啓示するため、しばしば患難の炉に我々を投げ入れ給う。「汝ら神の御意を行いて約束のものを受けんために必要なるは忍耐なり」と聖書にあるとおりである（ヘブル書第十章三六節）。

聖書にも、わからないことがたくさんある。聖書をさがしても、ちょうど自分の疑問にピッタリ答えてくれないこともある。そういう時、わからないからと言って、聖書を学ぶことを止めてしまってはいけない。わからないところは、すぐに答えを求めず、わかるまで待つ。否、わからせていただくまで待つという態度が、一番よいのである。我々の信仰的経験の進むとともに、先の疑問もいつのまにか解けてくる。たとえはっきり解決しなくても、もはや苦でなくなる。神経質にその問題に拘泥しなくても、その解決を神にゆだねて、我々の心は平安であることができるのである。たとえば聖書に記される奇蹟とか、処女懐胎とか、復活とか、あるいは信者の死後の状態とか、不信者の死後の運命とか、はっきり理性で説明のつきかねることが少なくない。しかしこういう問題について頭脳で納得できるような解答を性急に求めず、わからない事柄はつつしみをもって心の奥にしまっておき、今わかるだけの神の知恵と神の救いを感謝しながら忍耐をもって信仰生涯を歩んでゆく間に、これらの問題はもはや我々にとって苦労ではなくなる。終わりの日にいたって、我々の目に明らかにされない真理は一つもないであろう。

# 第三章　キリスト教の歴史

## 一　イスラエル民族の宗教

キリスト教の起源は歴史的にはユダヤ教を母胎とするものであり、ユダヤ民族に啓示された宗教を受けついだものであるから、まずユダヤ民族の歴史について知っておく必要がある（ユダは元来イスラエル民族の十二支族の一つであったが、後世になって全民族を指す名として用いられるに至った）。

イスラエル民族の発祥の地はメソポタミヤのユーフラテス河の下流地域であろうと言われる。紀元前一四〇〇年のころこの地方にいたアラム族が、その後百年ほど経過して一三〇〇年ころには西方に大移動を始めた。その中、ダマスコを中心とするシリヤ地方に居を占めたものが、後のシリヤ人の先祖であり、ヨルダン川の東を南下して、砂漠地帯に至る地域に住んだ者が、イスラエル民族の先祖であるらしい。その一部がさらにエジプトに移住して、ここに何百年か生活した後、モーセの時に北に移動して、アラムの先祖と合流してともにカナンの地に入り、これを征服してここに定住し、イスラエル民族の国を作った。

さてこのイスラエル民族の神はエホバであり、キリスト教の神もそのエホバにほかならないのであるが、イスラエル民族がいつのころからエホバを神とするに至ったかは、はっきりわからない。旧約聖書には、イスラエル民族の古代記として五つの文書が編集されており、普通『モーセの五書』と呼ばれておる。近代の学者の研究によれば、モーセの五書はヤーヴェ典（J）、エロヒム典（E）、申命記典（D）、祭司典（P）という、数種の資料から成っており、それらが現在の形に編集されたのはモーセの時代よりも遙かに後代に属する。この中、エホバ典は紀元前八世紀に編集されたもの、エロヒム典は紀元前八世紀の終わりから七世紀にかけて編集されたものであり、申命記典は紀元前六二〇年ごろ、エレミヤの時代に作られたものらしい。祭司典はバビロンから帰還後、紀元前四四四年ごろに編集されたものと言われている。

このようにモーセの五書は、預言者時代からバビロン捕囚時代を経て、その後に至る長い歴史の間に編集されたものであって、編集当時の宗教観念や宗教思想によって、古代の資料が解釈され、もしくは記述されていることを免れない。したがって今日モーセの五書として伝えられているものも、必ずしもイスラエル民族の古代の宗教観念をそのまま伝えたものとは見られないのである。

ヤーヴェ典（エホバ典）によると、イスラエル民族の先祖はメソポタミヤにいたころからすでにエホバという名で神を呼んでいたことになっているが、エロヒム典、申命記典及び祭司典によれば、エホバという名をイスラエル民族が知るに至ったのは、ずっと後のことであり、古代には神の名をエロヒムと呼んでいた。エホバという名で神を呼ぶことを知ったのは、モーセに率いられてエジプトを出るころのことである、と記されている。

近代の学者の研究によれば、このエロヒム典などの記事のほうが歴史的に正しく、すなわちイスラエル民族がエホバという名を知ったのはモーセの時代以後のことであり、族長時代には神の名を「エロヒム」、「エル」、あるいは「エル・シャツダイ」などと呼んでいたらしい。「エロヒム」という語は複数形の名詞であって、その単数は「エロアー」であるが、単数形のエロアーの使われた場合はまれであり、たいてい複数形のエロヒムを使用し、その場合も動詞は単数の形をとった。エロヒムという語の原意は判明せず、またなぜ複数形の名詞を用いたかの理由も判明しない。それは多神教のなごりをとどめるものか、あるいは能力もしくは栄光の複数を意味する威厳のための複数名詞であるか明らかでないが、少なくとも慣用においては、後者の意味に用いられたのであろう。

「エル」という語の原意もよくわからないのだが、「強い者」、「力ある者」、「支配する者」というような意味の語だろうと推察されている。

祭司典によると、アブラハム、イサク、ヤコブなど、イスラエル民族の先祖たちは、神のことを「エル・シャツダイ」と呼んでいるが、その原意もまた判明しない。あるいは

「破壊する者」、あるいは「雨を与える者」、あるいは「わが山」、あるいは「わが君」など諸説がある。このことばは、今の聖書では「全能の神」と訳されている。

このように、イスラエル民族の先祖たちは、エロヒムとかエル・シャツダイとかいう語で、神のことを呼んでいたらしいが、「力のある者」とか「全能者」とかいう名称は、神の名として特に珍しいものではない。ところが、イスラエル民族の中、ヨセフ及びベニヤミンというラケルの系統の二支族がエジプトに移住して、四百年そこに滞留した後北方に移動する時代に当たって、その指導者たるモーセがシナイ半島のミデアンという地にいた時、ホレブ山、一名シナイ山のほとりで舅《しゅうと》のエテロという祭司の羊を牧っていたところ、そこではじめて「エホバ」という神の名を知らされた。モーセが霊感を受けたことは疑いがないけれども、その社会的背景もしくは素材をなしたものは、エテロが祭司であったところのミデアン人の宗教から得られたと推定される。ミデアン地方に住んでいた種族はケニ人と言われるもので、これはエレミヤ記に出てくるレカブ人の先祖であり、後にユダヤ民族の一部として吸収されたのである。このケニ人の宗教がエホバ礼拝であって、それが祭司エテロからモーセに伝えられて、それがイスラエル民族の宗教の基礎となったものと推定される。

それでは、「エホバ」という語は本来何を意味したか。これについてもいろいろの説があるが、だいたいの見当を言えば、英語の“to be”すなわち「在る」という動詞の変化であろうと言われる。一説によれば、「あらしめる」という意味だろうという。他のものをしてあらしめるのだから、これは「造り主」という意味になる。

「私は在る」という意味だとみる説もある。出エジプト記に「我在りと言う者」とあるのは、この解釈に従ったのである。それは「存在」、「実在」、もしくは「実存」という意味であろう。

未来形にして、「我が在るであろう」という意味に解釈する説もある。この解釈によると、その存在は静止的でなく、運動ということがその要素の中にある。すなわち絶えず動いて、積極的に自己を顕現するという存在である。換言すれば、歴史を通じて自己を顕現していく実在という意味である。

さらに、不完了の動詞形であるとみて、「我は在ることを常とする」、すなわち我は在った者であり、在る者であり、在りつつある者である。つまり現在と未来と過去とが一つの生命の中に含まれているところの実在。過去に在っただけの者でもなく、現在だけのものでもなく、将来だけのものでもなく、今在るのは前からの継続であるがしかし完了しているわけでない。未来において完了されるものであるとともに、いつでも完了している者。そういう永遠的意味で「我は在る」という意味の名であるとみる説もある。

このように、「エホバ」という神の名の解釈についてはいろいろの説があるが、すべて「在る」という動詞の変化であって、その中いずれか一つにその意味を限定することは困難であり、むしろこれらすべての意味を含むものと思うほかはない。そういう神の性格が、モーセによりイスラエル民族の宗教として取り入れられたのである。

## 二　イスラエル民族の神とキリスト教の神

以上の推定にして事実に近いとすれば、それから二、三の重要な推論がなされる。

第一に、エホバという神の名、すなわち神の性格は、イスラエル民族の先祖が本来メソポタミヤで持っていたものではなく、後代になって取り入れた信仰であるということ。

第二に、このエホバ礼拝は、古代文明の中心地であったメソポタミヤから起こった宗教ではなくて、シナイ半島の砂漠地に起こった宗教であること。

第三に、エホバの名の啓示によって、厳格な一神教の性格がはっきり理解されたこと。

以上の事実は、その後のイスラエル民族の歴史においてきわめて重要な意味をもった。

イスラエル民族はエホバ礼拝の宗教をもった後、カナンの地に入ってそこに定住し、時を経て王国を建て、神殿を造営し、詳細緻密な礼拝の制度を定めたが、後に至って王国は南北に分裂し、北王国イスラエルは紀元前七二二年アッシリヤ軍のために滅ぼされた。南王国ユダもまた紀元前五八六年バビロン軍のために滅ぼされて、エルサレムの神殿は破壊され、国民の大部分は捕虜としてバビロンに強制移住させられた。その後紀元前五三八年ペルシャ王クロスがバビロンを滅ぼし、ユダヤ人を解放して、エルサレムの神殿復興を許可したのであるが、バビロン捕囚はイスラエル民族にとって出エジプト以来の大事件であり、それがイスラエルの宗教に与えた影響は実に大であった。

第一に、イスラエル民族の宗教は、これによって民族的宗教の範囲から出て、世界的宗教となる要素を加えた。

第二に、イスラエルの宗教がエルサレムという土地並びにその神殿という物質的施設の拘束から解放されて、霊と真実をもってエホバを拝するところの霊的宗教、心の宗教たりうる契機が与えられた。

第三に、バビロンの物質的文明・享楽的文化に伴う偶像礼拝に対して、唯一の神であるエホバ礼拝の純粋性を厳格に維持する必要が、預言者たちによって強く教えられた。

これらの三つの点は、しかしながら、モーセの時代に初めてエホバの名を知った当時から、イスラエル民族の宗教の中に、萌芽的に胚胎されていたと言える。エホバの名が「実在」に関係ある意味をもつこと、並びにそれが他種族から受け入れられたものである事実は、最初からすでにエホバ礼拝が民族の境界を超えた世界的宗教たりうる素質を備えていたことを暗示する。そして、それが文化の中心においてではなく、かえって砂漠の中に生まれた一神教の信仰であったことは、エホバ礼拝が肉欲的享楽と物質的繁栄をこととする偶像教ではなく、霊と真実をもって拝すべき純粋信仰である契機を最初から含んでいた、と言えるのである。爾来イスラエル民族の歴史は、このエホバ信仰の世界性と霊的純粋性を維持し、発展するための努力であったと解されるのである。

さて、歴史的に言えば、このイスラエルの宗教の中からキリスト教は発展したのであって、キリスト教の神はイスラエル民族の礼拝したエホバにほかならないのである。ただキリスト教においては、「イスラエル民族の神としてのエホバ」という性格が、「世界のすべての民族の神としてのエホバ」否、「世界のすべての人間の神としてのエホバ」という性格にいっそう徹底されたのであり、また場所と施設と制度による礼拝の制限が撤廃されて、「霊と真実」が神を拝するに必要にして十分な条件であることがいっそう徹底されたのであり、さらにまた神の唯一・最高・絶対的性格がいっそう確立されたのである。したがって、キリスト教においては、エホバはもはやイスラエル民族の神であるだけでなく、世界万人の神であることが明らかにされたのであって、いかなる民族も、自分の民族的宗教に拘泥して、この「実在」の神であるエホバを信ずることを拒否する根拠は全く消え失せたのである。

ところで、キリストの福音を伝える新約聖書には、もはや「エホバ」という神の名は記されず、もっぱら「主」と呼ばれているのは、いかなる理由によるのであろうか。

旧約聖書の原文はヘブライ語であるが、それには神の名は YHWH と記されてあり、その読み方が久しく不明であった。ヘブライ語の記載方法は子音だけを記して母音を省略し、ただ発音記号を付して母音の読み方を示したのであるが、ユダヤ人は神の名を口にあげることをはばかり、YHWH と記されたところは、わざとこれをアドナイ（Adonai）と朗読した。アドナイは「主」もしくは「主人」という意味の普通名詞である。こうして何世紀も経過する間に、ユダヤ人は YHWH の本来の読み方を忘れてしまって、アドナイという語に含まれる母音をこれに挿入し、Yehovah（エホバ）と読むようになった。しかもこのエホバという読み方を定めたのもきわめて新しいことであり、ようやく紀元後一五一八年に至って、ユダヤ人の学者たちがそれに決めたのであった。しかるにその後になって学者の研究により、YHWH の本当の読み方は「エホバ」でなく、「ヤーヴェー」というのであろう、ということが、近ごろの通説になったようである。しかし長年の慣用に従って「エホバ」と呼んでもさしつかえなく、私自身はそれに従っている。

さて新約聖書の原文はギリシャ語で書かれたものであるが、そのころ一般に用いられていた旧約聖書も、ギリシャ語で書かれた「七十人訳」というものであったから、新約聖書の著者たちが旧約聖書を引用するのも、この七十人訳によった。七十人訳聖書では、ヘブライ語のアドナイをキュリオスというギリシャ語に翻訳してあり、そして当時 YHWH はアドナイと発音されていたのであるから、YHWH はキュリオス（「主」）と訳された。したがって新約聖書でも、旧約聖書からの引用の個所は「主」とし、そうでない個所は「神」という普通名詞を用いたため、「エホバ」という名は伝わらなかったのである。

しかし、それは呼び方だけの問題であって、旧約聖書の神と新約聖書の神とが異なる別の神であるのではなく、同一のエホバが旧約・新約を通じての唯一の神であることは上に述べたところで知られよう。世には往々旧約聖書はユダヤ人の聖書であって、キリスト教会には必要のなきもの、あるいは重要でないものとみる人々もあるが、それは大いに誤った考えであって、旧約聖書を研究しないでは、キリスト教の神を知ることはできない。旧約聖書も新約聖書もともに、キリスト教の重要な聖典であって、エホバの神が一つであるごとく、旧新約聖書は一体なのである。

しかしながら、それならば旧約聖書の神と新約聖書の神との間に、何ら神の性格の啓示として発展がないかと言えば、そこには重大な事実があるのである。すなわちイエスは神を「父」と呼んだ。旧約聖書でも神を父と呼んだ個所は絶無ではないが、しかしイエスのように神対人間の個人的な関係において神を「父」と呼び、しかもこれを広く一般化したことは、旧約時代にはなかったのであり、その点においてキリスト教はイスラエル民族の宗教から出て、しかもそれから一段飛躍をとげたものと言わねばならない。この神を「父」と呼ぶ信仰については、さらに後に述べるつもりであるが、イスラエル民族が「エホバ」という神の名を初めて啓示された時に比すべき宗教史上の大飛躍が、「父」という神の名を啓示したイエスによって成しとげられたのであって、ここに人類の宗教史上、全く新生面が開かれたのであった。

## 三 「主・イエス・キリスト」

しかし何と言っても、キリスト教の中心はキリストである。聖書にはただ「キリスト」と記してあるところもあり、「イエス・キリスト」とも、「キリスト・イエス」とも、または「主・イエス・キリスト」と記されてあるところもある。「主・イエス・キリスト」というのが、キリストの完全な呼び名であるが、「主」というのは前に述べたとおり「キュリオス」というギリシャ語であって、これは「アドナイ」というヘブライ語の翻訳であり、神を指すために用いられた語である。したがってこれはイエスの神性を示すものである。

「イエス」というのは歴史的な人物の名であって、人間として生まれ、人間として生活し、人間として死んだ一人の人物を指すのであり、その伝記は聖書の中に「福音書」として四通りも残っており、彼の弟子たちの書いた書簡等も聖書の中に残っているから、これらによって彼の生涯と、教訓と、人となりをかなり詳細に知ることができる。

「キリスト」というのは、ヘブライ語の「メシヤ」のギリシャ語訳であって、救主を意味する。「メシヤ」という語は本来は「油そそがれた者」の意味であって、王とか、大祭司とか、救主とか、神から特別の任務をもって世に遣わされるところの聖別された職分の人を指すものであるが、主としてはイスラエル民族待望の理想的救世主を指すために用いられた。このメシヤ待望はイスラエル民族の宗教の重要な特色の一つであったが、ことに亡国・捕囚の国民的悲運の中にあって、末の日に理想的メシヤの出現を待望する信仰はいっそうあざやかとなった。

イエスはみずから、このメシヤすなわちキリストとして世を救うために神から遣わされ、その任務を果たすために十字架にかけられて殺され、三日目に復活する者である、との自覚をもった。そのような者としてイエスをキリストすなわち救主と信ずる者がイエスの弟子たちであり、かかる弟子たちによって、イエスが救主であるという喜ばしいおとずれが世界に弘布せられたのである。そしてイエスが人類の救主であることは、ただ彼の人間としてすぐれた性格と能力によるのでなく、実に彼が神の子として神性をもつ者だからであると、キリスト信者は信ずるのである。

イエスが歴史上に実在した人物であり、そして罪以外の点では人間の苦しみ、悲しみを経験した人であり、しかもその人となりが清く、正しく、かつ愛と憐憫に満ちた人であったことは、今日世のあまねく認めるところである。イエスが実在の人物であることを否定する説を述べる者もあったけれども、それは根拠なき想像説に基づくものであって、今日では学者の研究の結果は、彼の実在を証明することに一致している。すでに実在の人物であることを承認する以上、福音書に記される彼の生涯と言行のすぐれた道徳性についても、疑いの余地はないのである。

しかしながら、このイエスがキリストすなわちメシヤであるとの信仰に対しては、異論をはさむ者がないではない。モハメット教は、イエスをすぐれた預言者の一人として尊敬するが、しかし彼はメシヤではなく、真のメシヤはモハメットであるという。ユダヤ教もまた、イエスのキリストであることを認めず、真のメシヤは将来にその出現を期待すべきものとして、旧約聖書の信仰をそのままに維持している。

一方では、イエスのすぐれた言行を尊敬して、人類の模範、最高の道徳基準としてこれを認めるが、しかし彼が神の子であること、あるいは人類の救主であることを信じない人々もある。別のことばで言えば、彼らは歴史的な人物としてのイエスを尊敬するけれども、宗教的意味におけるキリストを信じないのである。

これらに対し、イエスがキリストであることを、「福音」すなわち喜ばしいニュースとして信じ受け、イエスによって救いは人々の間に来たと信ずる者がキリスト信者なのであり、しかも彼らは、イエスによる救いはイスラエル民族だけでなく、世界のすべての民族、すべての人間に及ぶものであることを信ずる。このことを最も明確に把握し、主張して、その信仰を確立した者はパウロである。パウロはみずから「異邦人の使徒」と称し、主としてギリシャ・ローマの世界にキリストの福音を伝えた。旧約聖書の律法によれば、イスラエル民族以外の外国人、すなわち「異邦人」は、まず割礼という儀式を受けて民族的にユダヤ人として認められるのでなければ、エホバの神殿における礼拝に列することはできないとされていた。それゆえにイエスの死後、キリスト信者の群が起こった時にも、異邦人はまず割礼を受けて、ユダヤ人として民族的に帰化する手続を経てからでなければ、キリストを信ずる者のエクレシヤ（教会）に加わることはできないと主張する者が、イエスの弟子たちの間にもあった。

これに対しパウロは強き「否」を言ったのである。彼は、イエスの福音は世界的であり、かつ無条件であって、民族や人種や男女の別や社会的地位の区別等をいっさい越えて、何人でもイエスをキリストと信ずるその信仰だけで救われる、と主張した。彼によってイエスの教えは最も正しく理解され、イスラエルの宗教とイエスの宗教との区別が明確にされた。ダイスマン教授の言うように、パウロは体系的な神学者ではなく、むしろ預言者的な福音の使徒ではあったが、それにもかかわらず彼によってキリスト教の福音は体系づけられたと言ってよいのである。

パウロがキリストの福音に対してなした大きな貢献は、右に述べたように、信仰の内容を民族的範囲から越えて人類的普遍的となしたことであるが、その結果キリスト教は地理的にも世界全体にひろがる根拠を得たのであり、彼自身が数回の大旅行を試みて、ユダヤ以外の広い世界に福音を伝え、世界伝道のさきがけをなしたのである。それ以来千九百年の間に、イエスの福音は世界各国の津々浦々まで弘布され、世に宗教の種類は多いけれども、キリスト教ほどの普及力を示したものはない。今日世界に独立国の数は七十三ほどであるが、各国民、各民族の国語、地方語、方言語を合わせ、一千に上る言語に聖書の全部もしくは一部が翻訳されているのである。

## 四　キリスト教会の歴史

キリスト教の伝道が進むに伴い、「教会」というものが組織されるようになった。今日世界には多数の教派に分かれて教会があるが、イエスの復活後、使徒たちによって伝道が行なわれた時には、まだ今日見るような制度的な教会はなかった。聖書に「教会」と訳されている原語は、ギリシャ語の「エクレシヤ」であるが、これは元来ギリシャ諸都市の市民総会を指す語であり、その原意は「呼び出す」という意味である。市民の総集会を開催する時、伝令が召集を触れて回ったことからこの名称ができたのであるが、イエスを信ずる者たちはこの世から召し出された者として、ユダヤ人のシナゴグ（会堂）と区別するため、このエクレシヤという語を用いて、自分たちの集会を呼ぶ名称としたものと思われる。

最初は、コリントのエクレシヤとかローマのエクレシヤとか言って、地名を冠したエクレシヤすなわち信者の集会があるだけであり、今日のように宗派的に分かれた教会というものはなかった。また監督、長老、執事等の名称が聖書に記されてあるけれども、それらも今日の教会にあるような制度としての役名ではなかった。当時のエクレシヤすなわち教会の実体は、聖書に「家の教会」と呼ばれているように、ある個人の家庭に開かれた集会であり、家庭集会の性格をもつものであった。それが今日のような制度的教会をもつに至ったのは、紀元第二世紀あるいは第三世紀以後のことである。

最初のころは、今日のようにカトリック（もしくは旧教と呼ばれる）とプロテスタント（もしくは新教と呼ばれる）の分かれはなく、ギリシャ正教会、ローマ公教会、アルメニヤ教会、コプト教会の四つの大きな教会の分かれだけであった。この中初めの二つはローマ帝国が東西に分かれた結果、教会も二つに分かれたのであり、ギリシャ正教会はロシヤ、ルーマニヤ、ブルガリヤ、ギリシャ等東ヨーロッパ及びバルカン半島に地盤をもち、ローマ公教会はローマ法王を首長にいただくローマ・カトリック教会である。アルメニヤ教会は小アジアのアルメニヤ地方に成立し、コプト教会はエジプト、エチオピア等アフリカ北部に成立したのであるが、この両者は世界的に有力でない。ベテレヘムの誕生寺、エルサレムの聖墓寺等、イエスの遺跡と称される聖地の寺院において、つるし灯籠や、ローソク立ての数などに関し、以上四つの教会の縄張りが協定されているのを見るのは、旅行者にとって奇観である。

ところで、イタリヤのローマを基地として西ヨーロッパ各国にひろまったローマ・カトリック教会では、ローマ法王を首長とするカトリック教会につらならなければ、人に救《すくい》はないと説いたから、ルッターやカルヴィンやツウィングリなどの宗教改革が起こって、カトリック教会の教えにプロテスト（抗議）した。それによってプロテスタントと称される新しい教会運動が起こったが、それには聖公会（もしくは監督教会と呼ばれる）、長老教会、組合教会、メソジスト教会、バプテスト教会、その他多くの教派が分かれて、止まるところを知らない。ローマ・カトリックの中にも、フランシスカンとかドミニカンとかジェスイットとかいういくつかの教団が分かれているが、教会としてはローマ法王を首長とする世界的組織であるに反し、プロテスタントの諸教会は世界的な統一的組織をもたず、むしろ分派が特色である。

個人の考え方が千差万別であるごとく、キリスト教の信仰のとらえ方について教派の間にニュアンスの生ずることはむしろ自然のことであって、さしつかえなきことと思われるが、ただ各教派各教会が一定の制度と組織とをもつことによって、あるいはお互いに世俗的な勢力もしくは利益を争ったり、あるいは教派・教会の勢力または利益の維持・拡張をもってキリストの福音そのものよりも重要と考えるような実際的行動を取り、それによって福音の純粋性を害するに至るならば、教会という制度はキリストの福音にとって益をなさず、かえって有害の作用をなすに至るおそれがある。かくして宗教改革の必要はルッターやカルヴィンをもって終わらず、いつの時代にも信仰の純粋を回復するために宗教改革の必要が起こるのである。ここにおいて内村鑑三の唱えた無教会主義というのは、ルッターやカルヴィンなどがローマ・カトリック教会に対して宗教改革を主張したのに匹敵するところの、否、それ以上の重大な意味をもつところの、新しい宗教改革であったのである。

ルッターやカルヴィンはカトリック教会にプロテストして、人はカトリック教会につらならなくても、キリストを信ずる信仰だけで救われると主張したが、しかし彼ら自身はやはり制度と儀式をもつ教会を組織し、キリスト信者はすべてどれかの教会員であるべきものとして、教会員でないキリスト信者はありえざるものと考えた。この教会主義にプロテストして、旧教であろうが新教であろうがすべて教会制度はキリスト教において本質的なものでなく、人は教会の会員にならなくても、キリストを救主と信ずる信仰だけで神の国の民となれると主張するものが、内村鑑三の無教会主義である。これによってキリストの救いは制度教会のわくを出て、真にすべての人に自由に解放されたのであり、キリスト教史上その画期的に重大な意義は、後世の史家を待たずして知られるところであろう。

世間には往々内村鑑三の主張を目して、「無教会派という一つの教派」とみる者がある。しかしそれは無教会主義の本質を全く見あやまったものであって、無教会主義には制度的な意味において「教派」とみるべき何ものもない。それは何らの制度をもたないからである。聖書には「神の国」ということが教えられており、ことにパウロはキリストを首として互いにつらなる信者たちの全体をば「エクレシヤ」と呼んで、それをあるいは一つの有機体に、あるいは一つの複合的な建造物にたとえた。しかしパウロの唱えたエクレシヤは霊的な信仰の一致を示す団体であって、制度としての結社的団体を意味したのではない。それは霊的な信仰団体だけれども、現実の人間からなっている以上、「目に見える」交わりがそこに存在する。しかし目に見える制度的結合にエクレシヤがあるのではなく、「目に見えざる」霊的一致にエクレシヤの本質がある。無教会主義は「目に見えざるエクレシヤ」を重要視するが、「目に見える」信者の交わりを認めないのではない。ただ、目に見える制度によってキリストの救いの限界を設ける思想に対して、極力プロテストするのである。

目に見える教会制度の特徴は、その儀式にある。ローマ・カトリック教会には、九つのサクラメント（秘蹟）と称される儀式がある。プロテスタント教会はその中二つだけを保存して、聖餐式及び洗礼を実行する。無教会はこれら二つの儀式をさえも実行せず、ただ信仰のみによってキリストにつらなることができる、と主張する。教会にありては、洗礼という儀式が教会員として登録される資格であり、かくして教会員として登録された者だけが聖餐式という儀式につらなる資格をもち、そしてその資格をもつ者だけが「目に見えざる教会」としての霊的な神の国の民となりうると主張するに対し、無教会にありては、目に見える制度教会の会員となることは、「目に見えざる教会」の一員となるに必要な条件でないと主張するのである。そして、この純粋に霊的なエクレシヤの把握こそ、遠くは砂漠の神たるエホバ礼拝に淵源し、直接には「霊と真実」をもっていずこにおいても神を拝することのできることを教えたイエスの教訓に適うものと考えられるのである。

要するに、「教会の外には救いがない」というのが教会主義の主張であるが、これに対し「教会の外にも救いがある」と主張する者が無教会主義である。キリスト教会の歴史の初端において、信者の中にユダヤ主義者というものがあった。それは、ユダヤ民族以外の異邦人は、まず割礼という儀式を受けてユダヤ人として登録されてからでなければ、キリストを信ずるエクレシヤの一員として加えられないと主張する者であった。これに対し、否、割礼を受けることは必要な条件ではない。異邦人は異邦人のままで、キリストを信ずることによって神の国の民となることができる、とパウロは主張した。このパウロの主張は、実際異邦人がキリストを信じて、自他ともに彼らを基督者と認めたところの実績によって承認された、とダイスマンは述べている。それと同様、今や日本においても、洗礼を受けて教会員にならなくてもキリスト信者でいることができるという無教会主義の主張は、無教会信者の実績そのものによって世の承認を強要しつつあるのである。今日では、無教会信者をおいては、事実上日本のキリスト教を語ることはできないであろう。新たにキリストを学ぼうとする人々は、導かれるままに教会に行ってもよいが、しかしまた教会で洗礼を受けなくてもキリストを信ずる道のあることを、知っておくことが有益であろう。それによって教会の不当な束縛から解放される人々も少なくないであろう。

# 第四章　キリスト教の神観

## 一　「エホバ」と「父」

キリスト教の神は、旧約聖書では「エホバ」という名で呼ばれ、新約聖書では「父」という名で呼ばれているが、二つの異なる神があるわけではなく、一つの神が異なる名で呼ばれたにすぎない。「エホバ」という名はモーセに啓示された名であり、「父」はイエスによって啓示された名であり、神の性格のとらえ方が新しくなったのであって、その間に神の顕現の段階の進歩がある。別のことばで言えば、キリスト教の神は「エホバ」であるとともに「父」であり、「エホバ」の性格が失われたのでなく、それを保存しつつその上に「父」という性格が新たに明らかにされたのである。

「エホバ」という名のあらわす神の性格については、前章で述べたところであるが、それは次のような意味を含んでいる。

第一にエホバは実在者であり、実存であるのであって、架空の観念、もしくは人間の想像で作り上げた幻像ではない。唯物論者は神の実在を否定して、神は人間の恐怖心が作り上げたまぼろしであるにすぎず、したがって科学の進歩並びに社会の革新とともに神というまぼろしは消滅する、と論ずる。しかるにキリスト教によれば、神があって万物が存在するのであり、神は万物存在の基底をなすところの実在である。したがってかりに現在の宇宙が消滅しても神は依然として実在し、神の実在を基底としてさらに万物は生成させられると信ずるのである。

第二に、エホバは宇宙万物と人類すべての創造者であって、すべて造られたものと本質的に異なる。神道や仏教では、人間と神との区別が本質的に異質ではなく、人は死ねば神として祭られ、あるいは生きている間から現人神《あらひとがみ》と呼ばれたり、または人間はだれでも仏性を備えているものとして、即身成仏《そくしんじょうぶつ》と唱えられる。さらに素朴な自然宗教では、山とか岩とか木とかの自然物を神として、あるいは神の宿る神聖物として拝むものもある。これらに対して、キリスト教によれば、神は人間ではなく、人間が神になることはできない。いわんや神は自然物とは本質的に異なるものである。神は人間と自然との創造主であり、造った者と造られたものとの間の混同を許さないのである。

第三に、エホバは世界に唯一・最高の神であって、エホバに並ぶべき神は他にない。これは、エホバがすべての実在の根底であり、すべての人類と自然物との創造者であるということと不可分な信仰であって、したがってエホバ以外のもの、すなわち造られたものを神として拝むことを、偶像礼拝として排斥する。それゆえに、キリスト教にあっては「神々」はなく、ただ一つの「神」があるだけであり、他の民族もしくは他の宗教でいう「神々」と、キリスト教の信ずる「神」との間には本質上の差異があるのである。要するに、神についての観念は、キリスト教において最も純粋化されたと言ってよいのである。

第四に、エホバは絶対的な実在であり、したがって永遠的な実在であるが、それと同時に、歴史を通じて顕現される神である。すなわちエホバの完全な性格と能力と栄光は、人類の歴史を通じ、その発達段階に応じて啓示され、顕現されていくのであって、人類の歴史の最初からエホバの全貌が現わされているのではない。エホバの全貌は、人類の歴史の完成する時において人間に現わされるのである。永遠的実在であるエホバそのものに変化と進歩があるわけではないが、エホバの顕現には進歩がある。それは人類の歴史の進歩に照応するものであると言える。このようにエホバの顕現が歴史を通じてなされることは、エホバが人類の歴史の中に生きてはたらくからであり、そのことはまた、エホバが人類の歴史の指導者であることを意味する。ことばを換えて言えば、エホバは人類及び自然の存在の創造者であるだけでなく、また人類及び自然の歴史の形成者である。要するに、エホバは歴史を通じて生きてはたらく摂理の神である。

第五に、エホバは絶対的・永遠的な実在であるから、時間と空間に制約される物質的存在ではあり得ず、感覚をもっては知ることのできない霊的な神である。したがって、彫刻・絵画等でその形状を表現しうべきものではない。木や石や紙等の物質を用いて表現したエホバの像を拝むことは、モーセの十誡によって厳禁されているところである。エホバは霊的な神であるから、これを拝むためには霊と真実を必要とし、また霊と真実とだけにて十分なのである。エホバは牛や羊の供物よりも、人間の真実な、悔いた、砕けた心の祈りを喜ぶ。エホバは宏壮な建築の神殿に住むよりも、真実な、謙遜な、清き心に宿るのである。このことはダビデやエレミヤの発見した真理であり、イエスがこれを完成したと言えるのである。

第六に、エホバは民族と個人とを愛し、導き、審き、また赦すところの人格的な神である。エホバは単に超越的な観念であるのではなく、また非人格的な力であるのでもなく、エホバみずからが意思をもち、かつ意思をもつものとして造られた人間との間に人格的交渉をもつところの人格神である。それゆえにエホバの性格は、怒る神、嫉《そね》む神、赦す神、憐む神、愛する神として、表現されるのである。

以上述べてきたようなエホバの性格は、イスラエル民族の歴史を通して啓示されて来、それがキリスト教にも伝えられて、キリスト教の神観の形成要素となったのであるが、さらにこれに加うるに、イエスによりて特に明らかに啓示された重要な点が二、三ある。

第一に、神は「父」であるということである。「父」というのは、神が創造主であり、指導者であり、人格であることを、人間に対するいっそう個人的な親しみの信頼関係において示した名であり、かつこれによってエホバは民族的な律法のわくを全く脱して、民族・人種のいかんを問わず、すべての人間の神として拝されるに至ったのである。

第二に、神は「愛」であるという性格が、イエスによっていっそう明らかにされた。

第三に、神は「霊」であるから、神を拝する者は霊と真実をもってすべきであり、霊と真実をもってすれば、礼拝の場所的もしくは制度的制限は無意味であることがいっそう明らかに教えられた。

これらのことは、エホバについての神観が、イエスによっていっそう個人的、霊的、普遍的、世界的になったことを示すものであり、キリスト教の神観は旧約時代に比して画期的に広く、深く、かつ純粋になったことがわかるのである。

## 二　三位一体の神

ところで、キリスト教の神学には「三位一体」ということが言われ、旧約時代に比して複雑な神観が展開されている。神には「父なる神」と、「子なる神」と、「聖霊の神」という三位があり、しかもこれは三つの神が別々にあるのではなくて、一体をなしている一つの神なのである。一つの神だが三位あり、三位あるが一つの神である。一にして三、三にして一という、複雑にして微妙な構造をもつ神観があるのであって、その根拠は新約聖書に基づくものであるが、それを詳細に論じて神学的基礎づけをなしたものはアウグスチヌスであろう。

「父なる神」というのは、上述したとおり「エホバ」の神観を受けついで、イエスがさらにその深い意味を顕わした名である。

「子なる神」というのは、イエスをば神から遣わされた「神の独子《ひとりご》」として信じ、したがってイエスは歴史的な人間であるとともに、神性をもつ神であると信ずる信仰である。「聖霊の神」というのは、父なる神及び子なる神の霊もまた、人格をもつ神として独立の働きをすると信ずるものである。

父と子と聖霊は、おのおの独立の存在をもって働く神であるが、しかしそれらは並立する三つの神があるのではなく、内面的に一体をなしている一つの神である。それはキリスト教が多神教的色彩をもつことを意味するものでは決してなく、厳格な一神教の信仰を維持しつつ、唯一の神の構成上の多様性が啓示されたものであり、これによって神の栄光はいっそう光彩を放ち、神の愛はいっそう堅固な基礎をもつことが知られるのである。

父なる神の神性だけを認めて、子すなわちイエスの神性と、聖霊の神性を信じないものを、ユニテリアン派（単一派）と言い、三位一体の神を信ずるものをトリニテリアン流（三位派）と言う。ユニテリアン派は近代合理主義の産物であるが、キリスト教神学の正統は今日もなお三位一体の神を信じている。

三位一体についてこれ以上述べることは、入門書の範囲を越えることであろう。さらに研究したい人は、アウグスチヌスの『三位一体論』を読むがよい。簡単なことは、私の聖書講義『ヨハネ伝』四一五頁以下に説明を試みてある。

## 三　神を認識する方法

さて、キリスト教の神はこのようなものであるとして、どういう方法で神を認識するか。神は人間の外にあるものか、または内にあるものか。

自然万物及び人類の創造主としての神は、宇宙生成以前から存在したのであり、またすべての被造物とは別に、それらの外に存在するものでなければならない。この意味では、神は人間の外にある超越的存在である。それは人間より大きいもの、高いものとして、人間がこれと相対して「父よ」と呼びかけることのできる相手方であり、これに向かって祈り、これによりたのむことのできる実在である。

しかし、神が人間の外にある超越的存在であるにとどまるとすれば、神が人間の心に触れる触れ方も外面的な接触にすぎず、「心より心へ」という内面的な人格的関係を神との間にもつことができない。神は、外にありて礼拝の対象であるだけでなく、また心の内にありて愛の対象でなければならない。そういう意味で、神は人の心に宿る内在的存在である。

人にとりて超越的であると同時に内在的である神は、人類の歴史もしくは個人の生涯を通して、人を導き、人とともに生きる歴史的存在でもある。もしもそういう歴史の指導者として神が認識されないならば、神は超越的に固定してしまって、人類の歴史もしくは人間の生涯と無関係な存在となってしまうであろう。あるいはまた、神は人の心の中で瞑想されるところの静観的存在であるにすぎなくなり、人を導く行動の神、摂理の神ではなくなるであろう。

超越的な神であるから、人が狂っても神は狂わず、すべての人が不真実であっても神を真実とすることができる。人の不動の救いの根拠は、神が人間以上の超越的絶対者であることに存するのである。これによって、神は人間の主観を超えたところの、客観的存在であることができるのである。

しかしこの神はまた人の体を宮となし、親しく人の心に宿る内在の神であって、人の心をあたため、人の目をあきらかにし、「これは道である」「これは真理である」と、人の心にささやく愛の神である。

同時に、この神はまた歴史の中に顕現し、天の真理を地に、すなわち超越的絶対的真理を人間生活の現実界にあらわす摂理の神である。

もちろん超越的、内在的、歴史的の三つの神が別々にあるのではなく、それらは同一の神の三つの存在である。それは、父と子と聖霊の神が三位一体であるごとく、三位一体の神の三位一体的顕現であるが、その主な特徴から言えば、父なる神は神の超越的絶対的顕現であり、聖霊の神は神の内在的顕現であり、子なる神すなわちイエスは神の歴史的顕現であると言えよう。

神をいずこに探求すべきかは、人の具体的要求に応じて、臨機に最善の道が示されるであろう。たとえば、科学もしくは哲学を力として神を人間の外に見出そうとする者に対しては、「道は近くにある。汝の心の中にある」ことが啓示されるであろう。これに反し、自己の心を見つめ、その不純と不真実と懐疑に苦しんで、どうにもならなくなった者に対しては、「汝の目をあげて星を仰げ。神は天の高きにいます」ことが教えられるであろう。また神を抽象的・観念的に思索しても得るところを見出さず、神についての具体性ある知識を求むるならば、「未だ神を見し者なし。ただ神の生み給ひし独子のみ神を顕せり」というイエスのことばが助けとなるであろう。

地上に遣わされて清き生涯を送り、十字架の死をとげて、復活したイエスは、神の性格と心とを具体的に人に示した者であり、人はイエスを見ることによって神を見ることができたのである。

それだけでなく、イエスを信ずる者の生涯と死によってもまた、神の性格が知られ、神の栄光が顕わされる。神を信ずる者の生涯と死を見れば、その信ずる神とはいかなる神であるかを知ることができるのである。

私の知人である或《あ》るキリスト信者の若夫婦の家庭に初めての女児が出産したが、分娩された嬰児は一眼異常で失明していた。産婦人科の医師と眼科の医師が協議して、これを産婦に告げるかどうかについて思案したが、結局分娩三時間後に、初めて夫に嬰児を見せて、事実を告げた。夫は言った、「よろしゅうございます。両眼つぶれて生まれたとしても、この子の生まれたのは神の御栄の顕われるためであると信じます。一方の目が見えることはたいへんありがたいことです。家内には私から言います」こう言ったので、二人の医師はつらい役目をまぬがれて、胸をなでおろした。それで夫は妻にその話をしたところ産婦も静かに落ち着いて、「片方の目が見えるのはたいへんありがたいことです。一方の目についても、できるだけのことをしてやりましょう」こう言って、二人で神に感謝した。そして聖書にあるように、生まれながらの盲人が盲で生まれたのは、その者の罪にもよらず、親の罪にもよらず、神の御栄の顕われるためである、と答えたイエスのことばを思い出して、生まれた子に「栄」という名をつけた。「親の欲目かもしれないけれども、顔半分は非常に美しい顔立ちで、女の子であるからいっそう胸が痛む点はありますけれども」と言う手紙を私によこした。

いったい、こういう場合に、生まれた子に「栄」と名をつけて、夫婦で神に感謝したという、そういう神とはどんな神だろう。樹はその果によって知られるという。世に神の実在を疑う者もあり、また神と呼ばれるものの中にも、ばくちの神とか幸福の神とかいろいろあるが、キリスト信者の神の実在と性格とは、これを信ずる者の生涯によって証明されるのである。

神を知る方法は、理知的には聖書の記事に基づく神学的思索を必要とするが、実験的にはイエスの生涯と、イエスを信ずる者の生涯によって知られる。そして、それが神についての何よりも確実な具体的知識なのである。

知らなければ信ずることはできないが、しかし信ずることによって、ほんとうに自分のものとして知ることができる。神の超越性も内在性も、それだけでは人に神を認識させることはできない。人は自分の生涯の実験によってのみ、神をたしかに認識することができる。科学的真理を知る方法と同じく、宗教的真理もまた理論と実験の両者によって、確かめられるのである。ことに神が「父」なる愛の神であることは、生涯の実験を通してのみ明らかに知り得る真理である。

# 第五章　キリスト教の人間観

## 一　考える葦

人間というものは不思議な存在である。パスカルは、人間は「考える葦」だと言ったが、東洋流に言えば、「五尺の体に宇宙を宿す」と言ってもよかろう。葦のような脆弱《ぜいじゃく》な身心をもちながら、思考するという不思議な力をもっている。五尺の小さい身でありながら、宇宙の大を考えることができる。学問や芸術に精進するかと思えば、身体のちょっとした故障にきげんをわるくし、神をしたうかと思えば、獣にひとしい餓鬼道に陥る。天と地との間にはさまった矛盾のかたまり、それが人間の姿であるように思われる。

人間は理性によってさまざまの感覚と感情を統制し、一人の人間が一個の小宇宙として、統一ある存在を保っている。しかし精神分裂症になれば理性の統制は失われ、人間の内蔵するさまざまの矛盾はそのまま外に現われて、人間は渾沌《こんとん》と化する。この人間における調和と矛盾、統一と渾沌はほんの紙一重であって、たとえ精神分裂症とまではいかなくても、人はしばしば自己に対する統制力を失い、我と我が身をもてあます。パウロの嘆いたように、自分のなしたく思う善を自分はなさず、なすまいと思う悪を自分はなす。このゆえに、自分の欲しない悪を自分はなすという一つの法則が、我の中にあることを我は知るのである。この不思議な存在である人間というものの本質は、いったい何であろうか。

人間は葦であるという見地を徹底すれば、それは素朴な唯物論の人間観になる。人間は結局物質である。思索することは身体の一部である脳髄の働きであって、身体が死ねば思索も止む。人間の生命は物質的生命以外にはないという、唯物的一元論になるのである。しかし宗教はもちろん、学問や芸術の本質が「物質」の活動であるとみることは、きわめて困難なふしがある。

これに反し、人間の本質をもって精神あるいは理念にありとする唯心論の考え方もある。しかし人間が睡眠しあるいは飲食する事実を思えば、どうして「理念」が飯を食ったり寝たりするかということが、説明できない。

さらに、人間の性質についても、古来性善説と性悪説とがあって、人間観の二大潮流をなしている。人間生まれつきの本性は善であると認めるべきか、悪であると認めるべきか、宗教や哲学の学派も、この見解いかんによって二分されているのである。

以上のような点に関し、キリスト教は「人間」というものをどう見ているであろうか。

## 二　肉と心と霊

キリスト教は、聖書に基づき、人間を肉（サルクス）と、心もしくは精神（プシュケー）と、霊（プネイマ）との三つの部分からなるものとみている。

肉は身体であって、これは動物的な存在であるが、身体なしには人間は存在しないから、身体もまた人間の重要な構成要素である。したがって神が人間を創造して「よし」と見給うた時には、人間の身体をも善なるものとして創造し給うたのである。肉は感覚の世界であり、さまざまの情欲と本能を備えるものであるが、聖書は肉体そのもの、したがって肉体に固有し、かつ肉体を維持するために必要な情欲や本能や感覚それ自体を悪であるとは見ない。かえって、身体は聖霊を宿す神の宮であるとして重んじ、これを清く保つ必要を高調する。この点においてキリスト教は、かの肉体をいやしめ、故意に身体を傷つけ、もしくは肉体からの離脱をもって救いと見る種類の宗教とは、全く選を異にするのである。

キリスト教は禁欲主義ではないが、さりとて肉欲の満足をもって人間の追求すべき至高の目標であるとは見ない。肉体は「器」であって、主人ではない。人は肉体を器として、善を行ない、あるいは不義を行なう。それゆえに人は己が身体をば、善を行なう器として、これを清く健全に保つべきであり、肉体が主人となって人を支配しないよう、これを適当にコントロールしなければ、ならない。肉体は聖霊の宿る宮として、その最高の意味があるのである。

肉体の世界が感覚にあるのと異なり、心もしくは精神と呼ばれる人間の部分は理性と感情の世界である。知り、考え、感じ、わきまえる能力が、心もしくは精神の領域である。

肉体と精神との間に微妙な関係のあることは、人のよく知る事実である。精神が身体に影響することもあるが、肉体の状態が精神に影響を及ぼすことも顕著である。身体の健康状態がよい時と悪い時とでは、人間の心のはたらきにも大きい変化がある。

一方では、心もしくは精神のはたらきは霊と深い関係に立っている。霊というのは、感覚でも理性でも感情でもなく、神の啓示を受ける直感の世界である。それがあるによって、人は神を知り、神を信じ、神に祈ることができる。心と霊は密接に交渉し、心によって考えもしくは感じたことは、霊によってその信仰的意味をさとり、また霊によって直感された神の啓示は、ただちに心に伝達されて、人間の意思もしくは感情を動かす。人は霊をもつがゆえに、霊である神を知ることができるのである。

霊と肉体との間にもまた関係がないではない。肉体は霊の宿る宮であって、身体がなければ霊は人に宿らない。一方、霊のはたらきは身体に影響し、信仰は健康に対して支配力をもつ。キリストを信ずる者がよく病気の苦痛に堪え、あるいは快復力が強い等の事実が、しばしば見られるのである。一方、肉欲にふける生活が人の霊性をくもらせることもまた、しばしば見られる事実である。

このように肉体と心と霊とは互いに深い交渉をもち、一体となって人間を構成している。人間を理解するためには、この人間の構造を知る必要があり、したがってまた人間を救うためには、この構造の全体において救わなければならない。すなわち人間の霊と心と身体とをともに救うのでなければ、救いは完全であるとは言えない。そのような完全な救いを与えるものとして、キリストが世に遣わされたのであると、キリスト教は信ずるのである。人間の構造を霊と心と肉体とに分かつ三分説が心理学上正当であるか。また三者相互間の関渉を心理学的にいかに説明するかは、科学の問題であって、ここには触れない。ただ人間の救いという実践上の要求を満たすものとしては、聖書の人間観は、人間の実情に対して深い理解と洞察をもつものと思われるのである。

## 三　人の性は善か悪か

キリスト教の見る人間の構造は上述のごとくであるとして、人間の本性ははたして善であるか、悪であるか。もしそれが善であるとすれば、神が人間を救う必要はないであろう。人間はみずから進歩してその本性を発揮すればよいのであるから。これに反し人間の本性が悪であるとすれば、人を救うことは不可能なのであるまいか。本性の悪であるものを善に転換することはできない相談であろうから。こういう問題が提起されてくるのである。

神が人を造り給うたのであるなら、神が善である以上、その造った人間が悪であるはずはない、と考えられるであろう。それにもかかわらず、人間の状態は決して善であるとは言えない。その肉体は弱く、その心は乱れ、善と知りつつこれを行なう力なく、悪と知りつつこれを避けることもできない。それのみではない。人間は神に造られた者であるにかかわらず、造り主たる神を知らず、知ろうともせず、否、神を否定することをもってみずから得々としてさえいる。このような倒錯はどうして生じたか。

キリスト教はそれを説明するに、人間の堕落ということをもってする。人は本来善に造られたにかかわらず、罪によってその状態から逸脱した。「罪」というのは、神への反逆である。しからば、なぜ人は造り主たる神に反逆することができたか。それは、人は自由意思をもつ者として造られたからである。その自由意思をもって神に背《そむ》いたのであるから、その責任は人間にあるのであって、造り主たる神の側にあるのではない。

この神に対する反逆が、人間のもつ普遍的かつ先天的な罪であって、これを人の「原罪」（オリジナル・シン）という。初めの人アダムが神にそむいたがゆえに、罪は全人類に及んだと聖書は説いているが、罪は遺伝によって全人類に及び、その結果人間はみな生まれながらにして罪をもつと言うのであるか、それとも、人間はだれでも生まれながらの状態では神を知らず、神から離れているところの普遍的事実を原理化して、こう言ったのであるか、いずれにしても人はだれでも普遍的・一般的な「原罪」をもっており、その上にさらに後天的な特殊の悪を重ねていくのである。人間が善のために努力し、善を希求する意思をもつにかかわらず、個人にも社会にも善を実現することのできないのは、「原罪」が普遍的事実だからである。この原罪、すなわち神に対する人間の意思の反逆をいやすのでなければ、人に完き救いは来たらない。

右のような人間観は、それだけでは決して明るいものではない。それゆえに、原罪を否定して、「罪などというものは、存在しないものと思え。原罪などを言うから、人は陰気な人生観をもってみずから悩むのである」と説く宗教もある。しかしながらキリスト教は、ためにするところがあって原罪を説くのでは決してない。現実の人間の姿を「原罪」という概念で説明しているにすぎず、換言すれば、原罪は事実であって説明でないのである。これを否定して「罪はないものと思え」と言っても、事実を否定することは不可能であり、したがってそのようなことを説く宗教は、深刻な人生の問題を浅くいやそうとする気休めにすぎないのである。

世にはまた、人間が生まれながら完全に堕落状態にあることを否定して、多少の善を固有することを主張するものがある。アウグスチヌスと争ったペラギウスの説がそれであって、人間はそのもつ固有の善根により、自己の道徳的努力によって救いに到達することができると論ずる。人には自然に美しい愛情や、善への意思を備えられているから、努力によって完全に到達し得ると考える説は、世の中にすこぶる多いのであるが、問題はそのような抽象的な可能性の吟味にあるのではなく、人の心における現実的なきびしい善悪のたたかいにおいて、人ははたして悪を克服し得る能力をもつか、という点にある。かりに多少の善と思われるものが人の心にあるにしても、それは同じく人の心に宿る悪を克服する力はない。その意味において、人の悪は徹底的であり、人の堕落は完全である。

要するに、キリスト教では、人は善なるものとして神に造られたのであるが、罪によって神から離れ、その結果個人的にも社会的にも悪と不幸を招いたと見るのであって、いわゆる性善説とも異なり、性悪説とも異なるところの人間観を示すのである。人間をこの現状から救って、本来人間に期待されている善を実現するためには、何が必要であるか。それを人間自身のもつ固有の道徳性、もしくはそれに基づく努力、修養によって達し得ないとすれば、いかなる力が人を救うのであろうか。そこにキリスト教の救済観の問題があるのである。

# 第六章　キリスト教の救済観

## 一　罪の赦し

さて、天には創造主であり全能者であって、愛と憐憫に満つる父なる神があり、地には人間性の矛盾と人生の悩みに苦しみ、救いを祈り求める人間とがある。しかも創造主たる神と被造物たる人間とは本質を異にするから、何らかの媒介なしには両者の意思が結びついて、神の救いが人間の上に実現することはできない。この媒介となって、救いを人に実現させた者がイエス・キリストである。彼は神の子であるから、よく神の救いを現わすことができたのであり、同時に彼は人の子であるから、人に救いを与えることができたのである。この神と人との媒介者たる救主をもつことにおいて、キリスト教の福音は法然や親鸞の念仏宗と異なる。念仏宗では「弥陀の本願」が罪人を救うのであるが、キリスト教においては単に神の慈悲の意思だけでなく、その意思を実現するための具体的な媒介として、神の子イエスを世に遣わし、それによって人の救いを成就したのである。そういう意味で、イエスはキリスト、すなわち救主なのである。

人が神に背いた結果、そのたましいは自由と平安を失い、罪の影響は人の心と身体に及んだ。人は罪に仕え、その報酬として死を招いた。したがって罪、すなわち神に対する背反をいやされないかぎり、人は自由と平和を得ることができない。そして、神に対する背反を解消するものは、神に対する完全なる従順である。しかも人は神に対し、みずからの力によって完全な従順を示すことができないのである。ただ人間としてこの世に生まれた者の中、イエスだけが己の意思を全く神の意思に合致させ、神の意思に完全に従順であった。彼は生涯を通じて、死に至るまで、しかり十字架の死に至るまで神に従順であったのである。

しかるに神は人の罪を赦す方法として、罪なきイエスにすべての人の罪を負わせ、人に代わって彼を十字架の上に死なせた。人の支払うべき罪の価をば、彼が代わって負担したのである。イエスは己が罪のために死んだのではなく、人の罪を負うて死んだのである。それが人を救おうとする神の意思の定めであった。その意思に対する完全な従順をもって、イエスは十字架の上に罪のあがないの死をとげたがゆえに、神は彼を復活させて、天に昇らせた。かくして、人がイエスの十字架の死の中に己自身の罪を認め、イエスが死んだのは自分の罪のために自分に代わって死んだのであることを信ずるならば、神はイエスの従順のゆえに、かく信ずる人の罪を赦す。すなわちもはやその人の罪の責任を追求しないのである。

このように、イエスは我らの罪のために十字架にわたされ、我らの義とせられるために復活させせられた。このことを信ずる者には聖霊によりて新しい生命が注がれ、神に対する背反はいやされて、神に対する従順の心が与えられる。第一の人アダムの背反がすべての人の原罪となって、人に死をもたらしたように、第二のキリストの従順は、彼を信ずるすべての人に罪の赦しと新しい生命をもたらしたのである。聖書に「罪」といわれる語は、ギリシャ語の原文では「ハマルチヤ」という。これは「的はずれ」の意味をもつ語であって、神に対して背を向けていることが人の「ハマルチヤ」であり、その態度を百八十度転換して、神に面して従順な態度をとることが、罪を赦された者の新生の姿である。

人は自己の道徳的努力によって、この転換をなしとげることができない。いわんや外形的な儀式などでこの新生を獲得することはできない。それほどに神に対する人間の背反は致命的であり、原理的であるのである。人は自己の義によらず、ただキリストによる罪のあがないを信ずることによって、神に義と認められる。そういう方法で人を義とすることが「神の義」であり、神はこの義を現わすために、己が独子イエスを救主として世に遣わし給うたのである。

キリストを信じて罪を赦され、神に義と認められた者には聖霊がその中に宿り、神の国に入るべき新しい生命がその中に芽ばえる。聖霊自身のはたらきによりてこの生命は人の中に成長し、聖潔にいたる果を結ばせる。神に罪を赦されることが人間の努力や価値によらず、キリストによる神の恩恵であったように、人の聖潔もまた人の修養によって成就するのではなく、神の恩恵により、聖霊自身のはたらきの果として成就されるのである。人はキリストを信じたところが、ただちに完全な聖潔に到着するのではなく、旧き我と新たなる我とが依然併存して、二つの我の間にたたかいがある。しかし原罪としての神への背反が赦されて、神に対して正しき態度がとられ、神がキリストによりて我らを受けいれ給うている以上、先天的にもせよ後天的にもせよ、個々の問題における我らの罪はもはや我らを死に到らしめる力はない。罪を宿す旧き我の死んだ後に、神の義をまとうた新しき我が完成される。この罪の赦しから義の完成までの間に我らの潔められる過程があるのであるが、それもまた神の恩恵により、聖霊の力によって成就されるのである。

## 二　身体の復活

キリストによる罪のあがないの効果は、人間の身体にも及ぶ。前章で述べたように、身体は霊の宿る器であり、霊の強き影響の下にある。したがって人が罪をおかして神に背反している状態にあっては、その結果として身体の死を招いたのである。しかるに人の罪が赦されて、神への背反がいやされ、聖霊による新しい生命が人の中に宿される時は、その効果は身体そのものの救いにまで及び、信仰によりて宿された神の霊は、人の死ぬべき身体をも活かす力をもつのである。というのは、新たな生命の霊は、その器としてふさわしい新たな体を必要とするからである。かくして、キリストを信ずる者には身体復活の希望が与えられ、この復活の希望は、死の恐怖と死別の悲しみを克服させる。我らもパウロとともに、

「死よ、汝の勝はいずこにかある。死よ、汝の刺は何処にかある。死の刺は罪なり、罪の力は律法なり。されど、感謝すべきかな、神はわれらの主イエス・キリストによりて勝を与え給う」（コリント前書第十五章五五—五七節）

と叫ぶことができる。私の知るある青年が長く結核療養中であったが、最後の呼吸困難の中からも最後の力をふりしぼって、「天のお父さん、私は罪人でした。私は救われました。感謝です。感謝でございます」と言って、天に召された。この短いことばの中に、キリストの救いが簡潔な形で証言されているのである。

人は永遠を考え、永遠を慕う力を与えられており、自己を永遠に残そうという要求をもっている。ただ身体の復活とか来世の存在などは信ぜられず、自己の子孫によって、あるいは事業によって自己が永遠に残る、というふうに考える人が少なくない。

また霊魂不滅を説く哲学や宗教もあって、霊魂は肉体の死後、これを離れて永遠に存在すると言う。

ところで、キリスト教の教える身体の復活は、霊魂不滅の説とは次の二つの点で異なる。霊魂不滅説では、人間は霊魂と肉体とよりなり、肉体の死滅後は、霊魂は自然に肉体を遊離して存在をつづけるというだけであって、そこには霊魂の救いという要素がない。だから肉体から離脱した後の霊魂の状態は、幸福なのか不幸なのか、不明である。ただ永遠に不滅であるというだけでは、必ずしも幸福であるとは言えない。のろわれた状態において永遠の存在をつづけることは死滅以上の不幸であり、かかる霊魂にとっては、「死を望むが、死は来たらず」ということが、最大の不幸であると言わねばならない。これに反し、キリスト教で言う復活は、もちろん霊魂の不滅を含んでいるが、それはキリストによりて救われた霊魂であり、したがって神とともにあって神を讃美し、永遠の讃美に住む霊魂であるがゆえに、人間の慕うべき至福の状態であるのである。

次に、霊魂不滅説では霊魂の個性がはっきりせず、したがって肉体の死後における個性の生活が認められない。人間は霊と心と体とから構成されるものであるから、全然体をもたない霊魂はもはや完き意味では人間とは言えない。肉体の死後霊魂は不滅であっても、霊魂の宿る体がなければ、地上における人間の存在並びに生活と、死後の霊魂の存在との間に、同一の人間としての生存及び生活の一貫した継続性が稀薄であろう。霊と体と両者を備えるところに、一方では獣と異なり、他方では天使と異なるところの人間独特の存在があるのであって、その特殊な人間性は、地上だけでなく来世においても維持されねばならない。それゆえに、キリスト教の復活の信仰は、単なる霊魂不滅説に比して、人間の構造について深い理解と知恵に満ちているのである。

もっとも、キリスト教で身体の復活と言っても、地上における肉体がそのまま復活するというのではなく、救われた霊魂を宿すにふさわしい新しい体が与えられるというのである。これによって霊の宿るべき器が与えられ、救われた霊は救われた体を器として活動し、我々の個性が永遠に生きるのである。

復活を信ぜず、来世を否定し、霊魂不滅をさえ認めない人々は、自分の生命は自分の事業もしくは子孫によって後世に残ると考える。しかし皆が皆すぐれた学者・芸術家であるわけでなく、格別の事業もせずして名もなく死んでいく人はどうするか。子孫によって自己の生命が後世に伝わると言っても、子孫を生まない人や、生んでもそれが不良の子である場合には、自己の死後について心配の種こそ残るが、何の慰めも希望もなくて世を去らねばならないのである。

これに反し、キリスト教の教える復活の信仰によれば、地上における人間の仕事とか子孫とかによらず、自分自身が救われた霊魂と体とをもって永遠に生きるのであるから、地上において着手した彼の仕事は、神の国においてもその用があるかぎり、彼自身がこれを続けるであろう。地上において学び始めた真理は、死後においてますます深く学ばれていくだろう。地上において始めた愛の業は、死後においてますますその果を結ぶであろう。

地上において知った神への讃美は、死後において永遠に増し加えられて行くであろう。地上における彼の生涯の意味は、何一つとして失われることなく、来世において完成されるであろう。地上における短命は、天国における生涯によって償われるであろう。地上における苦難は、天国における祝福によって拭われるであろう。地上において死別した愛する者とは、天において再会するであろう。天国は休止の場所ではなく、生命の横溢した場所であって、そこでは神に対する讃美と愛の生活が感謝の中に栄えて、終わるところがないであろう。――キリスト教による復活の信仰は、このような意味を含んでいるのである。

使徒パウロがギリシャのアテネでキリストの福音を宣べ伝え、エピクロス派並びにストア派の哲学者数人と議論したが、彼がキリストの復活を宣べたがゆえに、哲学者らのある者は嘲《あざけ》って、「このさえずる者、何を言わんとするか」と言ったという記事が、使徒行伝第十七章にある。全くそうであったろうと、その場の光景が察せられる。

今日でも、この世の知者・学者は復活の信仰を嘲笑する。しかし、イエスが十字架にかけられて死んだ後弟子たちが奮い起って、イエスの福音を世界に向かって宣べ伝えたのは、彼らがイエスの復活を信じたからである。かつその後キリストを信ずる多くの人々が、この復活の信仰に基づいて、この世の苦難を恐れずして神の国のためにたたかい、人生の苦しみと悩みに堪え、死に打ち勝って、輝く希望をもってこの世を去ったのである。

復活の信仰を論証するものは三つある。第一は、イエスの復活の事実である。第二は、人間の構造から来る完全なる救いの論理的要求である。第三は、復活を信じて生き、また死んだ多くのキリスト信者の実験的証明である。多くの人は希望なく、この世を去る。哲人はあるいは平静に世を去ることができるであろう。しかし喜悦と感謝と勝利感をもって死の川を渡る者は、復活の希望をもって天に凱旋する者だけであろう。

## 三　神の国の実現

人間は社会的及び自然的環境の中に生きているから、人類を救うためにはただ個人の霊魂と身体を救うだけでなく、人間の住む環境をも救わなければ、完全な救いは成就しない道理である。

社会には貧窮と不道徳とがあり、搾取《さくしゅ》と戦争とがくり返されて、秩序と平和が常におびやかされている。「正直者が損をしない」社会は、実際に存在しないのである。それゆえ、いかにして社会から貧困と不道徳をなくするか、いかにして世界から搾取と戦争をなくするか、いかにして理想の社会を地上に実現するかは、古来学者及び実際家の頭をなやましてきた問題なのである。しからばキリスト教はこの問題についてどのような教えをもつか。

キリスト教に、「天国」とか「神の国」とかいう言葉がある。聖書を見ると、四福音書の中マタイ伝だけが「天国」という語を用い、他の福音書は「神の国」と言っているから、

「天国」と「神の国」とは同じことを指すものと見られる。そして神の国が地上に実現することがキリストの救いの最終目標とされているのであるから、それは天国が地上に成就するということにほかならない。したがって「天国」と言っても、それは「天」という場所的な概念ではなく、むしろ神の御意の完全に行なわれる国の意味であり、その意味において「神の国」と同義語なのである。

ところで、一方、キリストを信じた者が死後行くところを普通に「天国」と呼ぶから、その関連においては、天国は死後の世界、すなわち来世と考えられており、天国すなわち神の国は現世でなく来世において実現するもののように見える。しかもイエスが世に来たことによって、天国は人々の間に来たとも言われておるのである。天国は来世的なものか、現世的なものか。

その問題はこうなのである。キリストが来て人の霊魂と身体を救う福音を宣べ給うて以来、彼を信じて救われた人々の間には、キリストを首とするエクレシヤが成立した。この信仰によって結ばれた霊的結合は、地上における神の国の出発なのである。もちろん、人間が肉体をもって生きており、そして肉体に罪が宿っている以上、人はキリストの救いを受けて後もなお完全な人間であるとは言えないから、したがってキリストを信ずる者は霊的団体であるエクレシヤもまた、地上ではまだ完全な形であるとは言えない。しかし少なくとも原理的には、神の国はすでに地上に始まっているのである。

しかるに世の人々のすべてがキリストを信じたのではなく、今後もそういうことはありそうでない。聖書は決して、世界全人類がキリストを信ずるようになり、それで自然に地上に神の国が完成するというようなことは教えていない。かえって最後まで多数の人はキリストを信ぜず、神に逆らった生活をすることを見通している。それは、人々の間に宿る「罪」の勢力がいかに大であるかを、聖書は知っているからである。そこで地上の世界には、キリストを信ずる少数者のエクレシヤたる神の国と、神に逆らうこの世の国との勢力が並行的に存在しており、両者の間の交渉・葛藤の中に人類の歴史は進展していく。

人類は文化の発達、技術の改善をはかり、社会の組織及び制度を改革し、政治や経済の営みを増大してきたが、しかも人類の根本的な問題は一つも解決されず、自由と平和はこれを要求する声の大であるにかかわらず、地上の世界では完全な実現をみないのである。人類は今後も理想社会の建設のために努力するであろうが、しかしながら「罪」の問題を決しないで、社会の改善をはかる努力は決して果を結ばないであろう。文化と技術は発達したが、戦争の危険は軽減せず、今後第三次大戦、第四次大戦とくり返していくならば、人類は文化発達のまっただ中において滅亡する悲劇をみずから準備するものであると、恐れるべき理由があるのである。文化の向上、政治の改革のための人間の努力は、それ自体としては貴くかつ意味あることであるが、「罪」が社会に宿る以上、人間の努力によって理想社会を地上に実現することはできない。その点において、キリスト教の認識は理想的であるとともにきわめて現実的である。

　キリスト教は、人類の社会がこのまま進化していって、神の国が地上になるものとは信じない。神の国はキリストを信ずる者たちの間に現に存在しており、彼らの信仰によりて地上に維持され、発展するのであるが、しかし神に逆らうこの世の勢力は強大であって、この少数のキリスト信者のエクレシヤを迫害する。しかしながら、この地上における神の国と世の権力との並行的発展は、いつまでも無限に継続するのではない。世の終わりにおいて神の定めた時が満ちれば、天に昇り給うたキリストは再び地上に現われて、全世界をさばき、神に逆らう者を滅ぼし、神に従順なる者を聖別し、かくして神の国を地上に完成するであろう。これがキリスト再臨の信仰である。すなわち個人の救いが人間の努力によっては来たらず、キリストの恩恵によって与えられると同様、社会の救いとしての神の国もまた、人類の努力によっては来たらず、神の恩恵によって来る。神の国、すなわち理想社会は自然的進化としては来たらず、審判を通じてカタストローフの形で来る。こういう意味において、天国もしくは神の国の地上実現は、現世的であるとともに来世的であり、終末的である。

　キリストの再臨は、神の国実現の希望の根拠であるだけでなく、人類の住む環境として自然界の完成の希望をさえ我々に与える。けだし、自然界は人間の生存に対して必要な環境と手段を供給しており、自然界を無視しては個人の救いも社会の救いも完全ではありえない。多くの人々は、自然界を与えられたものとして考え、それを前提として哲学や、経済や、社会の改革方法などを論ずる。しかし実際は、自然界が人間の救いの問題に対してもつ影響力はすこぶる大である。文化は人類の自然に対する働きかけであるが、しかし自然の人類に対する働きかけの暴力的な威力に比べて、人間の力のいかに小なることよ。見よ、地震を、台風を、津浪を、冷害を、旱害を。自然界を完全に制御しないでは、いまだ人類の救いを論ずることはできないのである。

キリスト教は、この自然界の不調和をば、人間の「罪」の影響が自然界に及んだものとみる。したがって人類の罪が赦されて神の国が完全に地上に実現する時には、自然界の不調和もまた除かれ、救われた自然界が新しい天地として現われる。身体が人の霊魂の器として必要なように自然界は個人及び社会の生存の環境として必要である。そして、霊魂の救いが身体の復活の原動力となるように、人間の救いは自然界の救いの原因となるのである。救われた霊魂と救われた体、救われた人間と救われた自然界が、よくつりあって造り主たる神を讃美する。これがキリスト再臨の日において現われるべき新しき宇宙の姿である。

旧約聖書はメシヤ、すなわちキリストの降誕を預言し、その預言はイエスによりて実現された。終わりの日においてキリストが審判主として再び現われ、神の国を地上に完成するという聖書の預言の成就をもキリスト信者は信じ、それを希望として現実の地上生活をば、そのあらゆる矛盾と不調和とにかかわらず、人類の救いと理想社会実現についての積極的な確信をいだいて、喜び勇んで歩むことができるのである。この信仰によらぬ時は、我々は人類の進歩について根拠なき安易な楽観に陥って、自己と他人とを欺くか、そうでなければ人類の現実について虚無的な懐疑に陥り、将来の救いについて絶望的になるを免れないであろう。キエルケゴールの言ったように「死にいたる病」は絶望であるとするならば、人を死から救うものは、キリストの初臨と再臨を信ずる信仰であるだろう。

# 第七章　基督者の生涯

## 一　祈りの生活

さて、以上神について、人間について、並びに救いについて、キリスト教の教えるところを簡単に述べてきたのであるが、人がキリスト教に近づくにはいろいろの目的と動機がある。あるいは罪の悩みから、あるいは人生の悲哀から神の救いを求め、あるいは人間としてのよりたのみを求めて信仰に近づく者もある。いずれにしても謙遜な心をもって門をたたく者は、神の恩恵によって信仰を与えられ、暗黒の世界から光の世界に移されるであろう。ただしキリスト教は商売繁盛、家内安全を約束する御利益教でないから、この世の幸福を求めて来る者は、何の得るところもないであろう。

キリストを信じた結果、いかなる変化がその人の生涯に起こるか。

第一に彼は信仰の人となる。信仰の人というのは、必ずしも道徳的に非難の打ちどころのないりっぱな生涯を送る聖人でもなければ、また人生の苦しみや人間としての弱さに泣くことのない、とりすました君子でもない。彼は人間としてなお多くの悲しみと苦しみをもつ平凡な者であるが、ただ世人と異なるところは、そういう中から常にキリストと父なる神を信じて生きるという、信仰の態度である。子供が母親によりたのむがごとく、我々は神とキリストによりたのむ。神はわが愚かと罪をことごとく知り給い、我が祈りに応えてすべてを善に導き給う。信仰によりて我々の生活が道徳的に潔《きよ》められてゆく過程もないではないが、それよりもこの身このままで神を信じ、キリストに信頼しつつ生きて行くことが、基督者の生活力の根本である。我々はこれにより、すべての悩みと苦難をば自分の力で何とかしなければならぬという不安と焦燥から解放されて、自由と平安を心に与えられるのである。

第二に、基督者は希望の人である。我々自身の生活と世界の現状がいかにみじめであっても、それが克服されて完全な救いに達することが必ずできることを、神にありて確信する。それは人間の力によるのでなく、全能の神、愛の神の意志に出でることであって、神自身の成しとげ給う御業であるから、必ず実現すると信ずるのである。基督者の生涯は、しばしば天国を望んで歩く旅行者にたとえられる。それは、個人的にも社会的にも、人間の救い、世界の平和、宇宙万物の完成は、天国において全き実現をみるからである。この希望を抱いて地上の生活をつづけることは、決して現世からの卑怯《ひきょう》な逃避であるのではなく、かえって現実の苦しみに耐え、現世の義務を恐れなく果たし、現世の戦いを勇ましく戦う原動力となるのである。

第三に、基督者の生涯は愛である。神の愛は、罪人を赦す愛である。神の愛は、罪人のために死ぬる愛である。神の愛は、悩み悲しむ者を助ける愛である。このような神の愛をキリストが世に現わしたのであって、これによって我らは愛ということを知った。そして神が我らを愛し給うたように、我らもキリストにありて隣人の弱きを負い、隣人の罪をゆるし、隣人と和《やわら》ぐことができる。神とキリストの御霊の愛に潤うて、愛の生涯を送る者が基督者である。

信仰と希望と愛とは、基督者の三つの美徳である。しかしこれらの美徳はいずれも神の恩恵の露によって育てられ、潤されるのでなければ、純粋に成長することはできない。信仰といい、希望といい、愛といい、それはすべて神より与えられるものであって、人間が自己の力によって獲得し、もしくは維持するのではない。すなわちたえず祈りによらなければ、我らはこの三つの支柱さえも保つことができないのである。その意味において、基督者の生涯は祈りの生活である。祈りを忘れた基督者は、水をはなれた魚にひとしい。祈りなくしては、人生のにがさが甘さに変えられることはできない。祈りなくしては、信仰も希望も愛も育たない。

## 二　世人の批評

基督者には人間として一種特別な型ができる。特定の人生観、特定の信仰を共通する者の間に共通の型ができることは、怪しむに足りないところである。ところで、世人が基督者を見て批評することばを聞けば、それが誤解であるにせよ正解であるにせよ、基督者の特色を明らかにするに役立つことがある。

今日ではそれほどでもないが、私などがまだ子供であったころには、「キリスト信者はバタ臭い」という批評があった。これは、外国宣教師によってキリスト教が伝えられた結果、風俗習慣をはじめ日本語のアクセントまで宣教師のまねをしたため、キリスト信者の中には西洋かぶれのした、きざなところのある人間がいたのである。

しかし今日では、日本におけるキリスト教伝道にも多くの年数が経過して、キリスト教は外来宗教であるとして異様な目で見ることは少なくなり、一方「バター」は普通の日本人の間に普及したので、もはや「バタ臭い」として非難される事情は少なくなったが、キリスト信者と西洋人との混同は、今日でも往々見られるところである。西洋諸国は「キリスト教国」と呼ばれるけれども、それは日本が仏教国と言われながら、多くの日本人は仏教の教理も知らず、仏教信仰がその日常生活を指導していないのと同様、西洋諸国の人々が皆キリスト信者であるのではない。キリスト教国でも戦争をするから、キリスト教は平和の宗教として無力であるなどと批評する者もあるが、キリスト教国と言われる国民が皆真にキリストを信じているなら、戦争などするはずがない。名だけのキリスト教徒であって、真の信仰がないからこそ、互いに戦争したりするのである。

日本の基督者は、その生活においても思想においても、西洋かぶれする必要は毛頭ない。あたりまえの日本人として生活すればよいのである。そして最近の傾向では、キリスト信者でない日本人が争ってアメリカ人の生活様式や思想傾向をまねしているから、やがて最も日本人らしい日本人は、基督者の間に見られるようになるであろう。それは、基督者は世界的な国際的な精神のもち主であるとともに、一方、個人としても民族としても、その独立存在の価値を神によりて信ずる者だからである。

次に、基督者に対して、往々「ピューリタン」という批評がなされる。これは尊敬を含んでいる時もあり、嘲笑を含む時もあるようである。「ピューリタン」というのは、第十七世紀にイギリスに起ったプロテスタントの信者たちの中で、厳格で清潔な道徳生活を送った仲間であるが、禁酒禁煙をはじめ、観劇、音楽、その他の娯楽を排斥したことから、現代でもプロテスタント信者の「石部金吉」流な生活態度を批評して、「ピューリタン」と呼ぶものがあるのである。

これは日本の基督者にとり、ある意味ではありがたい批評である。禁酒禁煙は良き習慣であり、世俗的な娯楽にふけることは我らの思いを神より引き放し、祈りを妨げるおそれがあるから、これを避けることがよいのである。ただ次の二つの点は、批評者に考えてもらわねばならない。

一つは、我々は物質生活や、芸術に対する態度を律法的に考えない、ということである。ピューリタンは、服装や食事やその他物質生活について、華美と奢侈を避けて、質素と実用を重んじた。そのことは信仰生活を維持する上において、すなわち世と世の欲を愛せず、神を愛するという精神において今日なお有益であるが、しかし何を着てはならぬ、何を食べてはならぬという戒律に堕してはならない。キリストを信ずる者は、衣食住の問題について根本的には自由なのであり、ただ人をつまずかせず、またみずから祈りの妨たげとならぬよう、信仰上の注意を要するのである。芸術その他娯楽生活についても、同様のことが言えるのである。

世にはまた基督者に向かい、「君は聖人だから信仰信仰と言うが、我々俗人は信仰に入れないよ」などと言う者もある。これは半ば傲慢、半ば自嘲である。それは、決して謙遜な語調ではなく、その言うところの「俗人」であることに、彼ら自身少しも苦痛を感じていないのである。それだけでなく、この批評はキリスト信者についての根本的な誤解を含んでいる。

基督者は、みずから道徳的に清い聖人だから、キリストを信じているのではない。キリストを信じなければ、どうにも立って行けない罪人であることをみずから知っていればこそ、信仰の生活に入っているのである。キリストを信ずる者は、道徳的に清く生きようと励む。しかしみずから清い人間であるとは、決して意識しないのである。自己の意識においては、我らは常に「罪を赦された罪人」である。

一方では、基督者を目して「偽善者」という批評もある。それは神だとか、信仰だとか、愛だとか、救いだとか、きれいなことを口にしているが、その生活の内容は矛盾に満ちているではないか、というのである。この批評もまた、信仰生活の性質についての無理解から出るのである。

基督者は道徳的に清い人間だからキリストを信じたのではなく、またキリストを信じたから、すぐに道徳的に清い人間になったのでもない。聖潔に至る種は、信仰によってたしかに我らのうちに宿された。しかし我らが肉体にありて生きている間は、罪もまたなお肉体に宿っているから、死に至るべき旧き我と、聖潔に至るべき新しい我とが、はげしいたたかいを我の中でたたかいつづける。神の恩恵により、我が聖潔はたしかに旭日のごとく輝き出る日が来るであろう。しかし肉体にて生きる間は、我が聖潔は過程であって、完成ではない。我が実情は、二つの我のたたかいであり、その矛盾は我を悩ませる。この我が矛盾を指摘して嘲る世人の批評に対して、基督者は、ヨブが三人の友人の非難に対して答えたごとく、憐みを求めることはあり得ても、抗弁することはあるまい。ただし、基督者はみずから道徳的に清いことを自負する者でないから、「偽善者」という批評は当たらないであろう。もしも自己の信仰にたかぶり、世人を道徳的に見下すような基督者がいたなら、それは傲慢な偽善者のそしりを免れないであろうが、それより先に、彼が真の基督者でないことが指摘されねばならない。

右のほか、世人は基督者に向かって、批評し、嘲り、罵《ののし》ることが多いであろう。イエス自身がそのような目にあって地上の生涯を送ったのであるから、イエスを信ずるを者も世の誤解を恐れず、信仰の生活を歩まなければならない。そして彼の真実と柔和と、勇気と愛とが隣人に認められて、キリストを信ずる信仰の証明となり、神の栄光が崇《あが》められるならば、それは彼にとりて望外の喜悦であり、感謝でなければならない。

# キリスト教早わかり

## 一　信仰の力

今日は「キリスト教早わかり」という話をするのであります。こう言いますともうすぐに反対の声が聞こえてきます。キリスト教は早わかりなどするものでない。一生かかって学ばなければならないものだと。それはそのとおりでありまして、一生かかって学ばなければならないものでありまして、一生かかってもわかってしまわないことでありまして、私どもが神様の許に召されてのちに始めて完くわかるものであります。キリスト教はわかるものでなくて、信ずべきものである。それに違いありませんが、しかしそうかと言ってわからないものかというと、わかるものであって、早くわかるものであって、そして一生かかってもわからないもの。一生かかってもわからないものであるけれども、しかし早わかりするものでありります。真理というものはすべてそういうものでありまして、たとえば花は美しい。花というものは問題なく美しいのであって、これはすぐにわかることでありますが、しかしなぜ花は美しいか。美しいということは何であるか。そういうことになるとなかなか一生かかってもわからないのであります。すべて真理に関する事柄、あるいは永遠に関する事柄というのは皆そうであります。永遠というのはわからないかというと、今でも永遠の中ですから、瞬間において永遠がわかる。しかし今わかってしまうかというと、永遠は永遠においてでなければ完くわからないというわけであります。

キリスト教のことを一度も聞いたことのない人、あるいはほんの少ししか聞いたことのない人にお話をしてみたいと考えたのでありまして、そういう人々も長く続いて聖書を学ばれて始めて少しわかってくるものでありますが、しかし始からわからないものでもありませんので、今日はごく始めての方に、キリスト教というものはどういうことを教えるものであるかということを、簡単にお話してみたいと思ったのです。

まず第一に申しておきますのは、マタイ伝の六章のことばを読んでだれでも気がつくことでありますけれども、これは貧しい人の宗教であるのです。キリスト教に縁のない人は豊かな人であるのです。豊かであるということは持ち物の多いことでありまして、暮らしに困らない人々であります。しかしそれも少し考えればわかりますが、お金があるとかないとかいうよりも、心が物にたよっている人、物にたのんでいる人のことでありまして、自分は持ち物がたくさんあるからそれで安心だ、あるいはそれで偉いんだと、そういう風に考えている人はキリスト教のお客さんではないのです。知恵でもそうでありまして、自分は学問がある。学問によって何でも解決ができるという風に心がいっぱいになっている人、心が高い人、これも基督教に縁のない人です。キリスト教はすべて乏しい人の宗教でありあります。あるいは持ち物が乏しいとか、知恵が乏しいとか、健康が乏しいとか、品性が乏しいとか、貧しい人、寄るべのない人、疲れた人、弱い人の宗教であるのです。そういう人ならばキリストの教えがわかるのです。キリストの教えがわからないというのは、自分の頭が天井につかえているからです。そういう意味でキリスト教は弱者の宗教である。パウロがコリント前書で言っておりますように、汝らの中知恵のある者多からず、能力ある者多からず、これは弱い者の寄り集まりであります。そういう弱い者がキリストを信じて強いものとなる。これが信仰の力なんです。キリストを信じますと、どんなに貧しい人でも心が豊かになって、物に束縛せられなくなる。一番金持ちの人よりももっと心が豊かになる。いったい富むとか富まないとかいうことは、物に束縛せられないこと、心の状態が豊かであることですが、そしてお金持ちは自分はこれだけ物があるから、もはや心配しなくてもいいというのが彼らのご自慢であるのですけれども、しかしその一番大きい金持ちよりももっと生活について心配せず、もっと心が豊かになる。すなわち一番豊かな人になるというのがキリストの教えなんです。実際問題といたしまして、キリストを信ずることによってこの世的にも事業が成功することはたくさんあります。個人的に見てもそうですし、社会的に見てもそうです。一番いい例はクエーカーという宗派であります。クエーカーの人たちの中に実業家が非常に多くて、この世的にも大成功であった。そういう例は他にもたくさんあります。だからキリストを信ずれば事業に成功する。財産もできるという効能もありますけれども、しかしそのことがキリスト教の信仰の一番大きな力ではないのであります。

キリスト教の信仰は、この世においては貧乏な人として一生終わっても心が豊かである。そこに信仰の力があるのです。知恵でもそうです。キリストを信ずると、信仰の力によって自分の学問が伸びていきます。そしてこの世の知者・学者に敗けないように学問ができていく。学問の領域においても一歩も彼らに劣らない、あるいは彼ら以上の学問ができてゆくことも事実であります。しかしそれはキリスト教の能力の全部ではないのでありまして、一生無学で、この世的には学校にいくこともできなかったり、あるいは学校にいっても頭がわるくて優等生でなかったり、卒業できなかったり、そんな人でもキリストを信ずれば、この世のいかなる学者よりも知恵がある。この世の学者の知らないような大きな真理を、キリストを信ずる愚かなる者でももつことができるんだ。この世の知者いずこにかある。この世の学者いずこにかある。神はこの世の愚かなる者を用いてこの世の学者に恥をかかせるということをパウロが申しておりますが、そういう能力がキリスト教にあるのです。健康ということでも、キリストを信ずれば信仰によって病気が全快した。こういうことも実際あることでありまして、その実例も多いのであります。なかには信仰によって病気が癒されるということがキリストの能力の一番普遍的なもの、一番大きなものであるかの如くに考えている人さえもあるのです。しかしこれもキリストの能力の一番の特色がそこにあるのではなくて、キリストの信仰の特色は、一生病気でどんなに養生しても癒らない人、家族からも親類からもこの世からも相手にされないような、自分でもあいそが尽きるような弱い肉体をもっておる人、そんな人でもキリストを信ずると、信仰の力によって世の中のいかなる強い人よりも自分の生命について思い煩《わずら》わない。健康問題について心を労しない。生きる死ぬるということが気にならないような、心の健《すこや》かさをもつことができる。その他何でもそうでありまして、この世の不幸はキリストを信ずることによって好転する。いろんな問題が解決せられていく。家庭問題でもそうでありまして、家庭のごたごたしたことがキリストを信ずる信仰によってよくなっていく。そういうことも実際にあることだが、しかしそうでなくて家庭の問題で一生煩わされるような境遇にあっても、キリストを信ずるならば、それに打ち勝って余りがある。そういう性質の力であるのです。そういう力を我々が与えられる。与えられると言いますのは、本来自分がもっているわけではないんでありまして、自分が発奮してそういう力をもつわけでもなく、努力して得るわけでもありません。これは神様の恩恵によって与えていただくのである。神様が与えてくださるということを信ずるのです。信ずればその力が与えられる。こういうことがキリスト教の力なんです。

## 二　天の父

さて、それならば、信ずるというのはもちろん神を信ずるのです。世の中に神と言われているものがいろいろある中で、キリスト教の神様はどんな神様か。これはキリストが「天の父」と呼んでおりますように、お父さんと呼ばるべきものであるのです。この世における父親と区別して、「天の父」と申したのであります。このことにも消極的な面と積極的な面とがあります。世の中に親のない子供ほどかわいそうなものはない。子供の時に父親を失うということはほんとうにつらいことであるのです。その者に対してお父さんを示される。与えられる。お前にはお父さんがある。孤児ではないんだ。しかもそれは神様なんだ。神様がお前のお父さんだ。これは実に驚くべきことでありまして、いったい孤児の世話をする孤児院とか養育院とかいうものがありますけれども、宇宙を造って支配していられるところの神様が私どものお父さんだ。あのたくさんの星が輝いており、朝になると太陽が現われ夕べになると月が現われる。春になると花が咲き秋になると木の実が実るという、この宇宙全体がいわば私どもの孤児院なんで、すばらしい大きい孤児院に私どもは住んでいる。これはほんとうに親のない子供にとっての慰めであります。神様を天のお父さまということの中に、キリスト教の全部が入っておると言ってもいいのです。「キリスト教早わかり」ということを申しましたけれども、天の父ということがわかればキリスト教がわかってしまった。そう言ってもいい。私どもの心が悲しんでおる時、弱っておる時、淋しい時に、神様に向かってお父さま、天のお父さま、こうお呼びしてご覧なさい。これを祈りと言うんです。祈りということは何もむずかしいことではなくて、祈りというものは父親を慕う心である。この寄るべないもの、弱いものが、「お父様」とこう申し上げる時に、信仰の力というものが与えられる。そして淋しくあった者が淋しくない、自分一人でもやっていける。天のお父さんがいるんだから、という励みが出て来、望みができて来る。これはただ自分の心の持ち方という問題ではなくて、ほんとうに天のお父さんからの力が心に加わってくるのです。それですべての困難に打ち勝っていくことができる。

この問題を自分だけのこととしてでなくて、世界一般のこととして考えてみますと、宇宙にあって孤児であるのは自分一人でないんで、人間というものはみなその意味で父親を要求しておるんです。世界には十七億だか十八億だかの人類がいて、昔から今まで戦争をしてみたり仲直りしてみたり、ごたごたして暮らして来ている。もし天の父という神様が全体を治めておられるのでないとしますると、人類の歴史はずいぶんばかげた、秩序のないことになります。しかるにちょうど一つの家を父親が治めていくよう、神様が宇宙全体を治めていらっしゃるんだ。横の拡がりから見ると宇宙全体、縦の拡がりから見ると歴史の全体を父なる神様は治めておられる。計画を立てて全体のしめくくりをつけていらっしゃるんである。このことを神の摂理、あるいは経綸《けいりん》と言います。神は摂理の神であり、経綸の神である。だから世の中に偶然とか無軌道とかいうことは一つもないんで、どんなに無軌道のように見える彗星でも神の摂理の中にある。神の摂理、神の経綸の中にあっては すべてのものが偶然ではない。無秩序ではない。神は宇宙全体に秩序を立てておられる。

歴史全体に筋道を立てておられる。こう考えてみるというと、非常な安心と希望が私どもの心に与えられるのであります。私どもにわからないことはたくさんある。わからないと思えば、あれもわからない、これもわからない。心配だと思えば、あれも心配だこれも心配で、人類は滅亡してしまうであろうとか、日本の国は滅亡するであろうとか、歴史のことでも宇宙のことでも、心配するとなれば心配だらけでありまして、防ぎようがないのです。一方の国に味方すれば他方の国に攻撃せられ、二つの軍事的強国にはさまれた武装のない国は立つ瀬がないということになる。しかしそんなに心配しなくてもいい。神様が宇宙全体・世界全体を司どって導いておられるんだから、我々は信頼しておればいい。神様はお父さんで、お父さんは世界をお父さんのお考えをもって秩序を立てて導いておられるんだ。そう信ずるのです。ここで始めて私どもの心に平安が与えられる。宇宙に秩序があり、歴史に秩序がある。天のお父さんの秩序を信ずることができるのです。

国でもそうで、国が無秩序無法律であるならば、とうてい私どもの生活は安定して立っていくことができない。アングロサクソン民族には法を守る精神が強い、いわゆる遵法《じゅんぽう》の精神があると言われているが、神を信ずることにまさる遵法の精神はない。秩序を立て給う神様に我々は信頼している。そしてその神様はお父さんである。だから我々のために悪をお考えになることはない。神の秩序は善である。神の意思は愛であるということを我々が信ずる。摂理の神・経綸の神は同時に恩恵の神である。そういう神様が私どもの神様なんです。どんなにむずかしい神学の本を研究しても、結局わかることはこれだけのことです。しかしてこれだけのことがわかれば、神学が皆わかったと言ってもいい。神学とか哲学とかこの世の学問というものは、概念を正確にする必要上むずかしい語を使いますけれども、しかし頭の悪い人や幼稚な人、学問をしない人でも知ることができることで、そしてすべての人の知恵の極点であるものは、神様はお父さんだ。天にいらっしゃるお父さんだ。そして摂理の神様である。めぐみの神様だということです。しかして恩恵の神、摂理の神、経綸の神というものは、すべてお父さんというものがもっている性格なんです。だから私が多少説明的に摂理の神だとか、恩恵の神だとか、経綸の神だとか申しましたけれども、そういうむずかしいことばはわからなくても、お父さんということだけ憶《おぼ》えていればあとのことは自然その中に含まれている。

さて、そういう神様を私どもに教えてくれたのはだれであるかというと、それがキリストであるのです。キリストが教えてくれたから、私どもは神様をお父さんと知ることができた。これまで天神様だとか八幡様だとか、そういう神様を私どもは知っていたけれども、天にいらっしゃるお父さんが神様だということは、キリストが教えてくれたからこそ知った。だからこんどはキリストというのはどんな方だろうと考える。

## 三　罪のあがない

「キリスト」ということばは、聖書をお読みになると、「イエス・キリスト」という風にある。イエスとも言い、キリストとも言うのでありますが、イエスというのは名前なんです。キリストというのは称号なんです。ちょうど太閤秀吉というのがありましょう。太閤というのは称号なんです。秀吉というのは名前なんです。それを太閤秀吉と言ったり、あるいはただ太閤と言ったり、秀吉と言ったりしているのと同じです。キリストというのは救主ということばなんです。本来はヘブライ語で「メシヤ」ということでありまして、メシヤということばは元来は「膏《あぶら》注がれた者」という意味で、救主のことをメシヤと言いました。そのメシヤというヘブライ語をギリシャ語に訳して、キリストと言ったのです。新約聖書が書かれましたころにはギリシャ語が一般に用いられていたために、ヘブライ語でなく、ギリシャ語でキリストと申したのであります。このキリスト・イエスという人物は今から一九四〇年ほど前にこの世に生まれてこられた人であります。聖書にはそのイエスの伝記が四通り残っております。マタイの伝えたものとマルコの伝えたものとルカの伝えたものとヨハネの伝えたものと、四通りのイエスの伝記が残っておる。それでイエスという方はどういう生涯を送られた方であるか。どういう教訓を述べられた方であるかということを、比較的詳しく知ることができるのであります。

さて、このイエスがキリストすなわち救主であると申しましたが、救主というのはどういうものであるか。キリストの救いには、贖罪《しょくざい》ということと、復活ということと、再臨ということと、三つの事柄がある。第一は贖罪。これは罪をあがなうということです。あがないと言いますのは、奴隷の身代金を払って奴隷を買い戻すことであります。近ごろの日本にもそれに似た例はありまして、たとえば芸者のために前借金を払ってやってその女を自由の身にする、そういう意味であるのです。

私どもは罪の奴隷となっておるのでありまして、そのことはどうしてわかるかというと、私どもがよいことをしようと思ってもよいことができない。悪いことはしないでおこうと思ってもつい悪いことをやっちまう。よい人間になりたいと思う心はもっているんだけれども、よい人間になれない。道徳的に上に昇っていこうという努力をするんだけれども、自分の両足をつかまえて自分を引きずり下ろすものがある。これは私どもがだれでも経験するところでありましょう。どうしてこんなに自分は道徳的に自由でないのだろうかと考えると、それは私どもの足をつかまえて引きずりおろす一つの力があるからだ。私どもが自由によいことをすることを妨害し、よい人間になろうとする自分たちの心を弱め、努力をむだにするけしからんやつがおるのであります。それが罪というものなんだ。だからどうしてもその問題を処分しないと、私どもが喜んで道徳生活をすることができない。生きているのが苦しくなる。生きていることが苦しいのは肉体の食物がないからだけでなく、道徳的に心が苦しくてしようがない。そこでいろいろ努力をして自分の心を自由にしようと計るけれども、なかなかそれができない。道徳的に潔《きよ》い人間になろうと思えば思うほど、自分が下らない人間であることがわかってくる。これはいわば自分の体を売った奴隷か、あるいは身売りをした芸者のようなものであって、その借金がある間そのために束縛せられて自由がないのだろう。何か自分を縛っておる大きなものがあるとしか思えない。その時にキリストが現われて、お前の前借金はわしが払ってやった。お前はもう自由の身になったんだと、こういってくれた。これまで見たこともなく聞いたこともなかったこのキリストという方が、いきなり我々に対してこう言われても私どもははじめはただあっけにとられるばかりです。しかし私どもがキリストのおことばを信用して、ありがとうございますという心になった時、そう信じた時から私どもはほんとうに自由になる。もう自分は奴隷でない。もう自分は身売りした女ではない。自由な人間だということが実際に感ぜられてくる。それはキリストが私どもの払うべき身代金《みのしろきん》を、事実払ってくれたからなんです。

私どもが払うべき身代金というのは、「死」であります。私どもはいわば自分の生命を罪から前借しているようなもので、昔の講談や俠客なんかの話でよく聞く、「お前の生命、わしがもらった」などということがありますが、自分の身を売った者は、その生命を全く主人の手に引き渡してしまう。その代わりに主人からいろいろ助けてもらうこともあります。私どもは罪に対して自分の身を売った時に、私どもの生命を渡してしまったのです。それ以来、自分は罪の命令通り動いておるのでありまして、いわば天の父の所から家出をしちゃって、お父様でない、ほかの者に自分の生命を売り渡したようなものなんです。それから足を抜くためには、どうしても生命の身代金を払わなければならない。生命を前借しているんですから、それをあがなうためには生命を差し出すよりほかない。しかるに自分の生命を払ってしまえば、それでもうおしまいでありまして、罪に対して生命を払うということは、罪の奴隷として死んでしまうということなんです。私どもがそういう抜き差しならぬところに追い込まれた時に、キリストが私どもに対して、「お前の身代金を払った」とおっしゃったのです。そしてそれはことばの上だけでなく、それを示す事実があるのです。その事実とはキリストの十字架なんです。キリストは十字架の上で死なれた。十字架は死刑の罪を犯したものに対する罰なんです。私どもが受けるべき罰をキリストが代わって受けてくれた。私どもが死ぬべきものをキリストが死んでくれた。私どもが罪を背負っていたのに、私どもの罪の重荷・罪の刑罰をすっかりキリストが引き受けてくれて、十字架の上で死なれた。それで我々の罪に対して払うべき計算がすっかり払われてしまったことになって、我々の身は自由になった。これが十字架の福音です。この福音を信ずるのが、キリストの十字架による罪のあがないの信仰なんです。

それを理屈で考えてみようとすると、むずかしい。一生かかって神学を勉強しても十分な説明のつかないことでありますが、しかしこれは理屈でわかるべき事柄でないんで、事実で決《きま》ることなんです。キリストが私どもの代わりに罪を負うて死んでくれた。私どもの罪に対する前借金を払ってくれたということを、そうだと信じたときに、私どもは自由になる。これは一つの事実であります。事実ほど強い論理はないのでありまして、その意味では十字架の贖罪《しょくざい》はだれにでもわかる福音なんです。神様をお父さんだと信じた時に私どもの人生が明るくなるように、私どもが罪に悩んでいるときに、お前の罪はキリストの十字架によって赦されたんだ。もういいんだと言われた時に、そうですか。もう涙が目から流れてしかたがないほどにうれしい、ありがたい。そうですかと信じた時、がんじがらめに私どもを縛っていた縄が皆ほどけてしまう。そして私どもは自由になるのであります。これが贖罪ということです。そういう意味でキリストが私どもの救主であるのです。

## 四　体の復活

しかしまだ問題は終わらない。私ども自由になったけれども、それならば羽が生えて仙人のように天に飛んでいくかというと、不思議なことに、私どもの生活が二重生活であることに気がつくんです。信仰によれば私どもは完全に自由であります。罪の重荷は私どもの肩の上にない。縄目が解けてしまった。しかしだれでも感ずるように、実際生活においいては、自分はそんなに前と急に変わるわけでないのでありまして、やはりつまらぬことを考えたり、つまらぬこともしたりする。これはいったいどうしたんだろう。それは、私どものたましいは信仰によって自由になったが、私どもの体はもとのままの体だということから起こってくる事実なんです。キリストを信じて私どものたましいは罪の縄目から解放せられ、天翔《あまがけ》るような喜びと力をもちますが、体はもとのままの体なんです。だから世間の人から見るというと、今日の私は昨日の私と変わらないのです。身体がもとのままの身体であるだけでなく、私どもの心の働きも前と変わらない。唯物論者は心の働きも肉体の作用だ。体がなければ心の働きもないと、こう言います。これにはもっともな点がありまして、キリスト教の信仰も同じことを考えておるのです。精神の作用は肉体の細胞の燃焼によって生ずるものであるかどうか、それはわからんけれども、とにかく体と心とは分つことができないように我々は生まれてきておるのであります。ただたましいというものは、肉体の中に宿っておりますけれども肉体と性質が違うものでありますが、感情とか理性とか、普通の意味でいう心の働きは肉体と離すことのできない関係になっている。だからたましいはキリストによって救われて自由になっても、心はただちに全く自由になることはないのです。そこで二重生活が始まるのであります。原理においては私どもは自由になった。それはもう確定しておる。しかし実際問題として私どもはまだ不自由な生活をしておる。それは肉体というものの中に我々が生きているからなんです。これは説明によってそうなるのでなくて、実際の事実がそうなんだからしかたがない。この事実を解決して原理と実際を一致せしめるものがなければ、私どもの自由は完成しない。ところで、そういう力をキリストは私どもに与えてくださる。キリストの救いは第一段には私どものたましいの自由を与えることですが、第二段には体の自由を与える。それを復活と言うんです。

復活というのは、今束縛せられている私どもの体を解放することです。たましいの束縛を罪から解放したのがキリストの十字架による贖罪であります。体の束縛を罪より解放して、もう病気もせず、死にもせず、感情も理性も意思も、すべて心の働きが健全である状態を実現してくださるのが、それが復活ということなんです。どうして我々が復活することができるかと言えば、キリスト御自身が復活し給うたからです。キリストは私どもの罪を背負って十字架におかかりになり、死んで墓に葬られたけれども、三日目に復活して天に昇られた。そういう事実が与えられておるのです。これによって私どもキリストを信ずる者に復活の希望が与えられておる。

これも理屈でわかろうとしてなかなかわからないことであります。しかし理屈でなく事実によって判断すると、キリストの復活を信ずる者は、自分自身キリストから復活の力を与えていただいて、生活に一大変化が起こってくる。復活というのは自分たちにとってはこれから先のことであります。これから先我々が死んで後に復活するんだから、それは自分たちにとっては希望であります。しかしその未来の希望は空想ではなくて、ほんとうのことだ。その証拠は私ども自身にある。私どもがキリストの復活を信じ、それによってまた自分の体の復活を信ずることによって、私どもは死を怖れない者となる。また自分のたましいが自由になったにかかわらず、自分の心の働き、すなわち意思や感情や理性がまだ泥にまみれているという現実の状態にも怯《ひる》まない。復活による自分の体の完成、すなわち心と肉との完成を信ずる結果、自分たちの生涯がいっそうの自由をもつ。いっそうの勝利を感ずるということになる。聖書を読みますと、復活の喜悦と凱歌はいたるところに湧き上っておる。春先に草木の芽がにょきにょきと生えてくるように、あるいは九州熊本の水前寺公園で、熔岩のこまかい砂の下から地下水がもくもく湧き上っておるように、復活の喜びと復活による勝利の凱歌は、聖書に満ちておるのです。今まで弱かったものが強くなる。臆病であった者が勇気をもつようになる。悲観していたものが希望をもつ。戦々《せんせん》兢々《きょうきょう》として迫害を怖れていた者が勇ましく乗り出してくるという、非常に目覚しい事実が起こってくる。それは皆復活の信仰を得た結果なんです。私どものほしいもの、求めるものはそういう力です。その力を私どもに与えてくれるものはキリストの復活です。これが、キリストが救主であるという第二番目の事柄です。

## 五　宇宙の完成

も一つある。それはキリストの再臨ということであります。キリストが十字架で死なれて、それから復活して天に昇り給うた。天におられるキリストが神の国の王として再び地上にこられることを再臨と言うのです。キリストは復活して天に凱旋せられた。我々も復活して天に凱旋する希望を与えられておりますけれども、問題はまだまだそれでは終わらないのです。一つには、キリストに敵対する者が世に絶えない。それから人間以外の万物を考えてみても、いろいろの禍害があって、世界は決して完成した状態であるとは言えない。自然界にいろいろの不備不完全がある。地震もあり、天候の不順もあり、害虫や害獣のようなものがあったりして、自然界の不完全であることは、我々の皆知るところがあります。自然界は人間の住む環境ですから、自然界が不備であると、人間の生活もおのずから不備であるのです。だからして人間の社会を完成するためには、人間お互いの間の秩序を完成するとともに、宇宙そのもの、自然界そのものの秩序を完成しなければならない。それはいつできるか、どうしてできるかと言うと、その希望を満たすものがキリストの再臨であるのです。すなわち墓より復活して天に昇り給うたキリストが、権力を持って地上にこられる時に、神に背く者は審かれる。そして世界から罪が全く客観的に除かれてしまって、自然も完成する。すなわち個人も完成し、社会も完成し、宇宙も完成する。ここで論理的に救いは極点にまで達する。救いは完成せられる。これは未来のことでありますが、この希望をもつことによって私どもは最も堅い、最も深い信仰の根底を与えられる。キリストの再臨ということを、頭でわかろうとするにはなかなか骨が折れる。ある程度まで理知的に説明のできないことはありませんけれども、それには非常な骨折りを要する。しかしこれも先ほど言ったように、頭で考えてわかるという問題でなくて、それを信ずることによってどんな変化が私どもの生活にくるかという、生活経験上の事実であります。これを信ずることによって私どもが希望の人となるという事実は、百の神学論よりも有力なキリスト再臨の証明であるのです。

## 六　聖霊のはたらき

キリスト教には父なる神と、キリストと、聖霊との三位一体の教えがある。最後に聖霊のはたらきについてお話いたします。

さきに申したとおり、キリストの救いは贖罪と復活と再臨という三つの段階を経て我々に与えられるのであります。その中でも復活と再臨は将来に関することですが、我々はこういう信仰をもって今この世で生きている。ところが、我々は信仰を教えていただいて、原理はわかった。たましいは自由になった。また肉体が自由になること、宇宙が完成せられることについても信仰によって希望をもっているけれども、実際生活から考えて見ると、今なお自分は肉体の中に生きており、今なお不完全な社会の中に生きているのです。そこでいろいろ問題が起こってくる。その中で一番つらい問題は三つある。一つは、個々具体的な場合に当たって真理の判断がつきにくい。真理のあることはわかっている。真理が正しいということもわかっている。真理を慕う心もあるけれども、ことに当たり時に臨んでこれが真理であるということの見分けがむずかしい。たとえば道を歩いて、ああいい景色だと思っているけれども、分かれ路にくるとどちらにいけばいいかという判断に困るようなもので、私どももこの世で生活している時に実際問題にぶっつかり、これが真理である、これが虚偽であるという判断に困ることがある。だれかその時に教えてくれる人がなければならない。先生の所に聞きにいこうか。先生が助けてくれることもあるけれども、しかし先生も人間だから先生のわからないこともたくさんある。また先生の意見が間違うこともあるかもしれない。聖書を読もう。聖書にいろいろの教えがあるから、聖書の言からヒントを得ることもある。しかし聖書を読んでもわからないこともある。そういう時にこれが道だ、これが真理だということを確かに言ってくれる人があれば、どれほど心強いかわからない。そういうはたらきを「聖霊」がしてくれるのです。聖霊は真理を教える者でありまして、いつでも私どもの後に立ち横にいて、これは道なり、これは道なりということを告げてくれるのです。

も一つ、私どもの困ることがある。それは私どものたましいはキリストによる罪のあがないを信じて自由になりましたけれども、肉体をもって生きているから、それに関連して苦しみが絶えない。キリストを信じたからこの世の苦しみや悩みがなくなるかと思うと、かえって反対に多くなったのでないかと思うことさえもある。そういう時に私どもは誰か慰めてくれる人が身近にあればいいと思う。友だちとか先生とか家の者とかから、一言でも慰められると助かるのでありますけれども、しかし人の慰めには限りがある。なかなかかゆいところに手が届かないのであります。そういう時にほんとうに自分の心の中に入って来て慰めてくれる人、ほんとうに自分のことをわかってくれている人、そういう人がほしい。そのはたらきをしてくれるものが聖霊です。聖霊は私どもの悩み苦しみを皆知っていて、そして慰めてくれる。

もう一つ、我々が困ることがある。それは良心のとがめということであります。自分のたましいは自由になったけれども、しかし実際の道徳生活がそんなでは困ると言って、良心が自分を責める。良心が責めるというのは、結局サタンが良心の刺激を逆用して私どもを責めるのでありまして、前の例で言えば、奴隷の持ち主が身代金を払ってもらったにかかわらず、まだ未練を残して、私どもを何とかかとかけちをつけて、また奴隷の軛《くびき》に連れ戻そうと企らんでいる。それに対して私どもを陰に陽にかばってくれる人がほしい。キリストを信ずる者の道徳的責任問題は、もう完全にサタンの追訴から自由であるのであって、お前の方から指一本この者に手を触れる余地はないんだ。きれいにことはすんでいるんだ。私どものためにそう言ってくれる弁護人がほしい。それがやはり聖霊のはたらきなんです。

キリストは天に昇られまして天から私どもを助けてくださいますが、父なる神の守りとキリストの助けとにあわせて、私どものこの世における忍耐と希望の生涯を、日々現実に手を取り耳にささやいて導いてくれるもの。私どもにこれは真理なりと言って正しい道を教えてくれるもの。これは慰めであると言って慰めてくれる人。お前はもう罪の支配の下にはないものであると言って、私どもをサタンの攻撃からかばってくれる人。そういうはたらきを聖霊がしてくれるんです。

神様をお父様としてもち、キリストを救主としてもち、聖霊を教師としてもって、私どもはこの世の生涯を歩んでおるのです。ここにキリスト信者の信仰と希望と愛が湧き出ると言うか、注がれると言うか、この三つの綱でもって私どもは天に昇っていく。これがキリストによって与えられる私どもの知恵であり、喜悦であり幸福であるのです。キリスト信者というものは、こういうことを信じて、こういう生涯を送っていくのです。

## 七　神中心の生活

結局どういうことが全体の目的となっているかと言うと、神様はお父様であって、宇宙と歴史を経綸しておられる摂理の神である。だから私が救われるとか、私がこういう生活を送るとか言うことは私にとっては大問題でありますが、神様の摂理から見ますと、それも神の経綸の一部分なんです。そこで私どもは自分の救いについての考え方を一度ひっくりかえして考えなければならない。神様をお父様と信ずることは、神様が宇宙と歴史全体を経綸しておられることを信ずることです。その宇宙の中、歴史の中に自分というものがある。自分は神の宇宙経綸の一部分なんです。他の人もそうです。自分が救われるということは、神様の全体の経綸によって神の国が完成することの一部分であるのです。神の国の完成、これがキリスト教の主題である。主なる目的である。神の国がなるために神様は私どもを救ってくれておる。自分の立場から考えると、自分という者の問題が非常に大きくて圧倒的であります。自分が救われるということは、自分にとって大問題であるのです。だから死物狂いになってそれにかかわっている。自分がなさけない人間だとか弱い人間だとかいうことに苦しんで、どうぞ私を救ってください、私を救ってください、私を救ってください。こう言って神に祈る。そして神様は私どもに助けを与え、力を与えて救ってくだされるけれども、問題はそれで終わったわけでない。私が救われたから、それでキリスト教の救いの目的は達せられたというものではない。キリスト教の信仰は決して我々個人の自己中心、人間中心ではありませんで、神の国中心、神中心であるのです。

私ども自身の問題はつまらぬ問題であるとか、小さい問題であるとか言うのでは決してない。私ども一人の救いを神様は大きい問題として見ていてくださるのでありますが、しかし個人の救いということが神の経綸の窮極であるわけではない。個人を救うのは、神の国が成るためなんです。ここに一つのコペルニクス的転換が私どもの考え方に必要であります。昔の天文学では地球が宇宙の中心であって、他の星でも太陽でも皆地球のぐるりを回転するというトレミー説の天文学であったが、コペルニクスという学者がそれと正反対のことを考えて、太陽が中心であって地球はそのぐるりを回転するということを唱えた。今まで地球中心の考え方であったのが太陽中心になった。そのように考え方の中心となる立場を引っくりかえしにすることを、コペルニクス的転換と言うんです。

個人の救いが中心であって、個人が救われるために神様がいろんなことをしてくださると、そう考えるのは個人中心あるいは人間中心の考えであります。個人を中心として神が回転していると、こう考える。ところがキリスト教は個人を決して軽んずるわけではなく、個人の救いを重んずるけれども、しかし個人の救いを含みつつ全体をもう一つ大きく考える必要がある。神様が中心であって、個人がその周囲を回っているんだ。神様の意思が中心であって、それに基づいて個人の救いもあり、宇宙の完成もあるんだ。こう信ずることは、神が父であるからなんです。神が父であって、全体を経綸しておられるからなんです。ここで、神を中心としてすべてのことを考えるという公の精神をキリスト信者はもつのです。それがわかりますというと、私どもの世界が広くなって、私どもの自由がいっそう大きくなって、能力で満ちあふれてくる。今までは自分中心で、自分の救いということだけを考えてきた。自分が救われたいと思って必死に願ってきた。それはそれでいいんですよ。けれどもそれだけでいきますと、自分の考える世界は自分というものの範囲を超えることができないから、私どもの考えは全く自由にならない。私どもの能力が十分に与えられない。自分中心に神様を考えているから、自分のふところに入り得るだけの分量しか神様が入ってこられない。そうでなく、神様の中に自分が入っていけばずいぶん広い。神様の広さだけ自分が広くなることができるのです。

だからして神の国を本位として考えること、神の意思を重んずること、神の名誉、神の栄光を現わすこと、これがキリストを信ずる者の最高の願いであるのです。神の国を建てるために自分のすべてを差し出す。しかしつまらない自分を差し出したのでは何にもならない。神の国のために差し出す自分は、救われた自分でなければならない。自分の救いの問題は重要です。しかしそれはどこまでも自分中心でなく、神中心でなければならない。自分の意思に神の意思を従わせるのではなしに、神の意思に自分の意思を従わせる。自分の名誉第一でなくて、神の名誉第一である。自分の幸福のために神様を利用するのでなしに、神様の名誉のために自分の恥辱をも忍ぶ。何よりもまず神の国と神の義を重んじ、神の意思を自己の意思の基準となし、神の栄光を自分の生涯の目的とする。この神本位、神第一の考えをもちました時に、基督者の公共的精神が発揮せられるのでありまして、そこで私どもは神様をお父様と呼ぶほんとうによい子となる。親の考えに盲従するのでなくて、目を開かれた者、救われた者として父を愛する。父を重んずる。そういう精神において生きていくことができる。ここで神の国という客観的な世界的な宇宙的な救いと、我々個人の救いとがいみじくも合致し、統一して、「ハレルヤ、栄光神に在れ」と言う讃美が、個人の心からも、世界全体からも、宇宙の星からも山からも、花からも、鳥からもいっしょに上がる。これがキリスト教というものです。「汝らまず神の国と神の義とを求めよ、然らばすべてこれらの物は汝らに加えらるべし」聖書にこうある。近ごろ新聞を見ますと、政府を作るために政治家がいろいろ相談をしている。キリストはおっしゃるのに、「まず神の国と神の義を求めよ」神の国と神の義を求めるならば、制度の問題も食糧問題も、すべての問題が解決できる。よしや人間世界における解決は不完全であるとしても、人の心に喜悦と希望と秩序と平安を与えられるんだ。これがキリストの教えなんです。キリストの声を聞かない人は、まず神の国と神の義とを求めずして、他の物を第一義として求めている。だからして豊かな喜悦をもたないのです。希望もないのです。ここにキリストの教えと、この世の教えとの違いがあるんです。そして神様はお父さんであってキリストは救主である、人生の歩み方においてはまず神の国と神の義を求むべきだということを知っている者は、この世のいかなる政治家よりもいかなる学者よりも偉いことを知っている。ただ知っているだけでなくて、偉大な生活を送ることができる。「キリスト教早わかり」の話で早わかりされたかどうか知りませんけれども、キリスト教というものはそういうことを本気になって信じているものでありまして、そしてそのことは実際事実によって私どもに証明せられている。キリスト教の真理の正しいことを私どもに証明するものは、聖書の言と、聖霊の教えと、そして私ども神を信ずる者の生活の実験と、この三つであるのです。

# 無教会早わかり

一

内村鑑三先生が召されましたのは一九三〇年三月二十八日であります。ご承知のように先生は無教会主義というものを唱えられましたので、今日の演題は『無教会早わかり』といたしました。

キリスト教のことを学ぼうとする人が教会にいきまして、しばらくいっておりますと、「洗礼をお受けなさい」と言われる。洗礼の意味もよくわからないうちにこう言われて困ることがある。あるいは教会の会員となっておりまして、どうもぴったりしないことがあって教会を出たいと思うが、なかなか許されないで、教会を出ればキリストの救いから離れてしまうかのごとくに言われる。そういうぐあいに実際問題として教会ということにぶつかることが多いのであります。

「教会」という語の原語は、ギリシャ語の「エクレシヤ」であります。エクレシヤは元来ギリシャの都市国家の正式に召集せられた市民議会でありました。使徒行伝第十九章三十九節に「議会」とありますのが、この意味での用例であります。この語を利用しまして、ユダヤ人の会堂すなわちシナゴグと区別するために、キリスト信者の集まりをエクレシヤと呼んだのです。「教会」という訳語は宗教的エクレシヤの意味を現わすものとしてよい訳語でありますが、今日の具体的な教会は、聖書に記されているエクレシヤとはだいぶ性質の違ったものになっている。聖書に記されているエクレシヤは、たいていは家のエクレシヤと言い、家庭集会であります。地域的にコリントのエクレシヤとかエペソのエクレシヤとか言いましても、その性質は家庭的集会でありまして、今日あるような教会の制度はまだ初代教会の時にはなかったのです。

「聖書」にはエクレシヤという語のほかにバシレイアという語があります。それは「神の国」の「国」ということばです。基督者の集まりと神の国とは共通の内容をもっている。ルカ伝の十七章をあけて見ますと、

神の国の何時きたるべきかをパリサイ人に問われし時、イエス答えて言いたまう「神の国は見ゆべき状《さま》にて来たらず。また『視よ、此処《ここ》に在り』『彼処《かしこ》に在り』と人々言わざるべし。視よ神の国は汝らの中に在るなり」

こうある。神の国は見える形では来ない。汝らの中にある。「汝らの中に」と言いますのは二様の意味がありまして、汝らの心の中に在るという意味にもとれます。外側の形ではなくて心の中にあるんだ。しかし単に我々の考えの中に在る、思想の中に在るという観念的な存在ではなくて汝らお互いの交わりの中にある。汝らお互いの愛の中に在る。汝らお互いの心と心との愛の交わり、それが神の国だ。こういう意味にもとれる。聖書では霊的な交わりをコイノニアという語で表わしておりますが、神の国は信者お互いのコイノニア

である。霊的なものである。物的な形のあるものでない。こういう風にイエスが言われた。しかしまた聖書を読みますと、神の国は具体的なもの、現実的なもの、歴史的なものとして地上に実現せられる。そういう意味でも述べられております。

そこで神の国というものは、目に見えない霊的な意味と、具体的な歴史的意味と、両方の意味を含んでいる。エクレシヤの性質もそれと同様でありまして霊的な意味合いと社会的な意味合いとがある。霊的に言えばエクレシヤは愛の交わりである。生活に現われたものとしては兄弟姉妹の一団である。英語でクリスチャン・ブラザーフッドという語がありますが、エクレシヤの本質はキリストを信ずる者の兄弟姉妹の交わりである。すなわちそれは家庭的である。神を父とよびキリストを長子と称し、キリストを信ずる者を兄弟姉妹と言うのは、皆家庭的なことばであります。

使徒行伝の始めには、イエスが天に昇られた後、弟子たちは二階座敷のついている一つの家に滞在し、ガリラヤからついて来た婦人たちもいっしょになって、心を一つにしてひたすら祈りにつとめていたことが記されています。これが最初のエクレシヤでありました。その後弟子に加わる者の数がふえるに従い、事務の分担が分かれてきましたが、それは決して今日の教会の監督、牧師、長老、執事というような制度化したものではなかったのです。

しかるにエクレシヤも一つの社会生活であり、社会生活というものは人数が増すに従い組織のできてくるのが自然の傾向であります。また同じような生活様式をくり返すうちに、それが形式化し固定化して伝統をつくり、それに基づいて制度が発生するようになります。そして信仰の解釈や生活の様式の流儀にだんだん差異を生ずるに従って、信仰個条や伝統や制度やを異にする教派が分かれてきます。信者の人数が増して、家庭では収容しきれなくなれば、別に集会の建物を必要とします。そこで教会堂を建てます。建てるとすれば、できるだけりっぱに、壮大に建てようということになる。このようにして、聖書に記されている時代のエクレシヤとは似ても似つかぬ教会を見るようになったのであります。

そこで、教会とは何であるかということの目じるしとして、三つのことがあります。

第一は、教会とは教会堂のことであるか。

第二は、教会とは一定の組織と伝統とをもつ制度のことであるか。

第三は、教会とはキリストを信ずる兄弟姉妹の交わりであるか。

この三つの問題を混同するから、教会論そのものが混線してしまうのです。

教会の本質は建物ではありません。教会堂の壁は信者をつくりません。教会を建物だと思うから、信仰の復興を教会堂の復興と混同し、教会堂の建築と維持とにどれだけ必要以上の労力と費用とを投ずるかわからない。そのために信仰は復興するどころか、かえって世俗的精神にむしばまれてしまうのです。

教会の本質は制度でもありません。これを制度だと思って伝統と組織とにこだわるから、兄弟姉妹たるべき基督者が互いに分裂して憎みあったり、または信者のたましいの自由を圧迫して、外側の制度的一致を強要するようになるのです。

教会の本質はあくまでも愛のコイノニアたるにあります。建物も制度もすべて第二義的なものであって、それに拘泥するだけの価値のないものです。兄弟姉妹の愛の交わりがエクレシヤであり、そしてそれだけがエクレシヤであることを主張するものが、無教会主義であるのです。それはすべての宗教改革者と同一の精神に立つものであり、しかしそれらすべてよりさらに一歩を進めたものであるのです。

そこで、教会論で言われる最もむずかしい問題、すなわち見える教会と見えざる教会という議論が起こってきます。教会は可見であるか不可見であるか。しかし私が考えまするに、この議論はほんとうにやぼな議論であります。

エクレシヤは愛の交わりであるから目に見ることはできません。愛というものは、目に見ることはできないのであります。しかしエクレシヤの交わりは、具体的な生活となって現われなければ意味をなさない。たとえば電気は目に見ることができません。しかしその電気が電灯となってともるとか、あるいは電熱器となって湯を沸かすとか、あるいは電気按摩《あんま》となって体に刺激を与えるとかしなければ、私どもの生活に入ってきません。私どもの生活から見れば、ないも同然なんです。そのように愛というものも、それが具体的に生活化しなければ意味をなさないことであります。ここにたとえばこれだけの、二百人の人がおるとしまして、この二百人の人々の間の愛の交わりは目に見えません。目に見えているのは、人間の顔や形だけです。ところで人間の顔や形を何百人寄せ集めたところがエクレシヤにはなりません。それはただ烏合《うごう》の衆であるだけです。しかしまた生きた人間の共同生活がなければ、愛の交わりたるエクレシヤが具体化しない。ないも同然なんです。だからして皆が集まっていっしょに讃美歌を歌いいっしょに祈りをする。いっしょに聖書を学び、いっしょに助け合う。その生活がなければ、エクレシヤは抽象的な、観念的な存在となってしまいます。エクレシヤは群集でもなく、また孤立でもありません。それは一つの集まりであることを要します。ただし集まりと申しましても、必ずしも一定の場所に集合することを必要としません。たとえいっしょの場所に集まることができなくても、文通によって愛の交わりをもてば、それによって具体的な、目に見えるエクレシヤに連っているのです。

エクレシアにおける霊のつながりはできるだけ鞏固《きょうこ》であり、制度的つながりはできるだけ緩《ゆる》いことが、エクレシヤの本質に適うものと思います。エクレシヤの本質は家庭的であるから、エクレシヤに存在する秩序の性質も家庭的であるべきです。これを制度でしめつけますと、霊的な交わりの自由を殺し、世俗的な虚偽と傲慢とがはびこるようになるのです。

二

教会で最も重んずる儀式は洗礼と聖餐とであります。洗礼は教会加入の時に用いられる儀式であります。イエスの弟子となってエクレシヤに連るために、きまった形式の行為を必要とするものかどうか。その形式として洗礼という制度を用うるのはどういうわけか。すべて儀式は象徴であり、制度は伝統であります。洗礼も一つの象徴でありまして、それが教会の伝統、すなわちしきたりによって、教会加入の際の形式として制度化されたものであります。しからば洗礼という儀式は何を象徴したのでありましょうか。

水につかって体を潔めるとか、水で器物を洗ってよごれを落とすとか、そういう考えはモーセの律法の中にもあります。仏教にも水で汚れを洗うということがあり、ヒンズー教ではインダス河に飛び込んで体を洗うことが重大な儀式となっている。日本の神道でもみそぎということをいたしまして、川に飛び込んで「六根清浄」という。水は汚れを洗い落とす性質をもっておりまして、水につかりあるいは水で洗うことが儀式的な潔めとなったのです。

そのことはユダヤでも古くから行なわれていたのでありますが、洗礼者ヨハネがヨルダン川で施したバプテスマは画期的なものでありました。それはただ体に付着した汚れを洗い落とすということでなくて、道徳的な生まれ変わりという意味をもちました。彼は一度水に没して、再び水から上ることをもって、罪の悔い改めの象徴としたのであります。すなわち罪の生活から方向転換をして、人生の方向人生の目的を百八十度転換して、正しく生きていかなければならないことを唱え、その象徴として洗礼をさずけたのです。それはまことに画期的なことであったとみえて、特にヨハネを『洗礼者』と呼ぶようになりました。洗礼はヨハネによって新しい意味をとったのです。

そのヨハネのバプテスマに対して、イエスのバプテスマということがあります。ヨハネはその特色を説明して、自分のバプテスマは水で施すんだが、イエスは聖霊と火をもってバプテスマを行ない給うと言いました。これによっても洗礼が象徴であることがわかります。水で洗礼を授けるとも言っているし、火で洗礼を授けるとも言っている。水とか火とかそのことに生命があるわけでなくて、水というのも火というのもある原理を象徴しているのにすぎないのです。ヨハネ以前の洗礼においては、水で汚れを洗い落とすということに、意味があったのです。ヨハネにいたってそれは罪の悔い改めという道徳的な意味をもちました。さらに進んでイエスの洗礼は、旧き我が死んで新しき我が生まれるという信仰的意味を象徴したのであります。

イエスの洗礼は聖霊と火によって授けられる。旧き己を滅ぼすについて、水よりも火の方が激しきはたらきをします。また新たに生まれることに関して、水よりも霊の方が有効なはたらきをすることは言うまでもありません。イエスはニコデモに向かって、「人は水と霊によりて生まれずば、神の国に入ること能わず」と言われましたが、水と言っても火と言っても、その物自体に人を新たに生まれさせる力はありません。旧き己は火に投げ入れて焼かれる籾殻《もみがら》のようなものであって、審判に耐えざるものである。新たに生きるためには、旧き己に死なねばならぬことを象徴せられたにほかならないのです。

イエス御自身はヨハネから洗礼を受けられたが、御自分では弟子に洗礼を授けられたことはありません。マタイ伝の最後にある有名なことばでありますが、イエスが天に昇られる時に弟子たちに命じて「汝ら往きてもろもろの国人を弟子となし、父と子と聖霊との名によりてバプテスマを施せ」とある。しかしこれは聖書学者の研究によると、イエスのことばではなくて、後の時代の付記であると認めることが今日一般の解釈であります。とにかく地上にい給うた間、イエスが弟子たちを伝道に派遣された時に、洗礼を授けることを命ぜられたことはありません。イエスが天にいかれた後になって、弟子たちは自分たちの仲間入りをする人に向かって、洗礼を授けることを始めました。使徒パウロはアナニヤから洗礼を受けましたが、パウロ自身は人に洗礼を授けませんでした。ただ自分の弟子をして洗礼を授けさせたようであります。イエスにしてもパウロにしても、教えを説くことが主なはたらきであった。洗礼を否定したわけではないけれども、それを非常に大事なことのように思って、熱心に奨励せられるとか実行せられたということはないようであります。

しかるにその後教会内に制度としての洗礼が成立したことを理解するために、私どもはまず聖書にしばしば出てくる「割礼」という儀式のことを知らねばなりません。

ユダヤ人は男の子が生まれて八日目に、割礼という儀式を施すべきことが、厳重な律法の定めでありました。割礼はユダヤ人のみでなく、アラビヤ人その他セム系の諸民族の間に広く行なわれた慣習でありましたが、これも皮を切るということ自体に意味があるわけでなく、それは一つの象徴的行為であったに相違ありません。ユダヤ人はこの民族的慣習の中に、肉を切りすてて霊に生きる意味を見出し、エホバの選民として、エホバに属する者であることを象徴するために、割礼という制度を守るようになった。すなわち割礼を受けることによって、ユダヤ人たる身分を取得するものとせられました。したがって外国人がユダヤ教徒となるため、すなわちユダヤ教に改宗してシナゴグに属する者となるためには、やはり割礼を受けることが必要とせられたのです。

ところで、イエスが天に昇られた後、弟子たちのエクレシヤができて、外国人の入会が問題となってきました時、保守的な考えをもった人々は、外国人は一度割礼を受けてユダヤ人となってからでなければ、キリスト教会に属することはできないと主張しました。それはイエスもユダヤ人であり、弟子たちもユダヤ人であり、キリスト教はユダヤ人の中から生まれてきたものであるから、ユダヤ人でなければイエスの弟子でありえないように考えられたのです。それに対してパウロは「そんなことはない。神は万民の神であるから、ユダヤ人であろうともギリシャ人であろうとも、キリストを信ずる信仰だけで一つエクレシヤに連なることができる。まず割礼を受けてユダヤ人となってからでなければキリストのエクレシヤに属することができないなどと、いうわけのものではない。ユダヤ人はユダヤ人として割礼を受けたままでキリストを信ずればよいし、異邦人は異邦人として割礼を受けないままでキリストを信じておればよいのであって、割礼はエクレシヤに属する要件ではない。ユダヤ人が割礼を止める必要もないが、異邦人がこれを受ける必要もない」と言うのがパウロの態度でありました。しかしてその後のキリスト教の教会の歴史において、パウロの割礼無用論が勝利を占めたのであります。

イエスを信ずる者のエクレシヤがはじめてできたころには、次の二つの事柄がその前にありました。

第一は、ユダヤ人のシナゴグに入会するためには割礼という儀式。

第二に、ヨハネの弟子となるためにはバプテスマという儀式。

そこで、イエスの弟子たちのエクレシヤに新たに入会を認める時には、いかなる儀式を用うるのがよいか。それについて、彼らは割礼という儀式をすてて、ユダヤ教からの分離を公然としたとともに、バプテスマという儀式を利用して、キリスト教が洗礼者ヨハネの後継者であることを示したのです。しかしてこの慣習が一般的となり、固定してくるに従い、それはキリスト教会の伝統として伝えられるようになったのです。

このようにバプテスマというものは、当時行なわれていた慣習を利用して、一つの原理を象徴した儀式であります。それはあくまでも象徴であります。だからして洗礼の方式にもいろいろある。水の中にずぶりと頭までつけてしまうのもあり、頭の上にほんの二、三滴水を垂らすのもある。すなわちそれは象徴だからなんです。だからして、キリストを信じてキリストとともに死に、キリストとともに復活するという信仰を象徴するために役立つような形式であるならば、何も水をぶっかけなくてもすむかもしれない。他の形式でもよいはずなんです。たとえば砂漠のまん中ならば砂をぶっかけてもよいだろうし、密林の中ならば木の葉っぱで頭をなでてもよいだろうし、新しい方式はその時その場合に応じて発見できるでしょう。もしも洗礼よりもっと現代に適切な方式が考えられて、それが一般に行なわれてくるならば、旧い伝統がすたれて新しい伝統が起こるということもありうることなんです。

さらに一歩進んで考えて、エクレシヤに属するためには、何も定まった形式はいらない。自分は神の恩恵によりイエス・キリストをわが救主と信じます。自分は今までの人生の方向が間違っていたことを認めます。自分は今まで罪につかえこの世につかえ肉の情欲につかえてきたものでありましたが、今日以後はキリストにつかえ神につかえ義につかえてまいります、という決心を表白すればいい。決心しなければだめだ。決心しても黙っていてはだめだ。黙っていては客観性をもちません。何も教会に来て言う必要はありませんが、自分以外のだれかに自分の信仰を言い表わせばよいのです。それでエクレシヤに連なることが主観的にも客観的にも成立する。洗礼は信仰により古き己に死んで新しき我に生きる象徴でありますから、イエスの弟子となってエクレシヤに加入するために、この形式を用いてもよいし、他の象徴たる形式を用いてもよいし、あるいは特別にきまった形式を用いなくてもよい。洗礼を受けたければ受ければよいし、すでに受けた者はそれを取り消す必要はない。さりとてまだ洗礼を受けない者がしいてこれを受ける必要もない。洗礼を受けた者は受けたままで、受けない者は受けないままで、イエスの弟子たることができます。洗礼も益なく、無洗礼も益なく、益あるものはただイエスを信ずる信仰だけでありま す。パウロが割礼問題について言ったことを、私どもは洗礼問題について言うことができると思うのであります。

三

時間がだんだん乏しくなりましたのであとはいっそう簡単に言わなければなりませんが、教会には洗礼のほかに聖餐という儀式があります。これは主のテーブルと呼ばれ、カトリックでは聖体拝領と言っています。キリストが十字架にかかられる前の晩に、十一人の弟子と最後の晩餐をともにせられた時に、パンをさいて、「取りて食え、これはわが体なり」

と言われ、また葡萄酒の杯を回して「この酒杯より飲め、これは契約のわが血なり」と言われた。そのことを記念して、教会でパンをさき、葡萄酒を飲んで、キリストの命令せられたことばを守ってゆく。これが聖餐と言われる儀式であります。

この聖餐ということも、やはり象徴であり、伝統であります。パンそのもの、葡萄酒そのものに意味があるわけではありません。カトリックでは聖餐に用いられるパンはイエスの肉であり、葡萄酒はイエスの血であると言います。ルッターは、これはイエスの肉そのもの、血そのものではないが、聖餐式にて祝された瞬間に、イエスの肉と血とに化体するのだと言います。これに対しツウィングリは、パンと葡萄酒はイエスの肉と血の象徴であると言いました。この見解の相違のためにずいぶん議論をし、憎みあったものであります。私どもから見ますとつまらないところに力こぶを入れたものだと思いますが、教会の人々から見ますと、つまらないどころか、生命のやり取りをするほどの大問題でありました。

ヨハネ伝第六章を見ますと、イエスは「人の子の肉を食わず、その血を飲まずば、汝らに生命なし。わが肉を食い、わが血を飲む者は永遠の生命をもつ」と言われた。これを聞いた弟子たちの中多くの者が「こは甚しき言葉なるかな、誰かよく聴き得べき」と言ってつぶやいたと記されますが、これをことばどおりにとれば、だれだって驚く。聞いただけでぞっとする事柄であります。しかしまさかイエスが食人種のように、自分の肉を食い血を飲めということを言われたのでないことは、だれだってわかります。イエスがこのことばを用いられたのは、ある教えを非常に強い象徴的なことばで表現されたのでありまして、その意味するところはイエスを信ずるということである。表面だけでなく、形だけでなく、ほんとうに自分の血となり肉となるようにイエスを信じこみなさい。イエスを食べてしまうほどにイエスを信じなさい、という教えである。イエスを自分の生命としなければならない。イエスと一つになりなさい。イエスを自分の栄養とし、自分の血とするようにイエスを信じろ。このイエスを信ずるということを、強い言で象徴的に教えられたのが、人の子の肉を食い血を飲めということなんです。聖餐ということの意味も全くそこにあるのです。イエスを信ずるということと、同じイエスを信ずることによって汝らは一つの肉に連なる兄弟姉妹であるということと、この二つのことを象徴するものが聖餐という儀式なんです。

これに類似の慣習も昔からいろいろの民族に行なわれたことでありまして、支那の小説に『三国志』というのがありますが、関羽と張飛とが兄弟の誓いを立てます時に肱を切って互いに血をすすります。台湾のある蕃社では、兄弟の誓いをする時に長い竹の筒に酒を入れ、飲み口を両端につけまして、同時に口をつけて酒を飲む。それによって一つに連なって、兄弟となる。こういう儀式はいろいろの民族にいろいろの形であります。キリストはパンをさき葡萄酒を飲むということによって、信仰によりてイエスと一つになるということと、イエスを信ずる者は兄弟として一つになることと、その二つのことを示されたのです。だからそれは象徴なんです。そしてそれは非常に深い意味のある象徴ですから、イエスの天に昇られた後弟子たちの間で行なわれ、それが教会の伝統として伝わってきたのです。けれどももちろん重要なのは意味であって、象徴ではありません。

パンとか葡萄酒とかいうことに何も特別の意味があるわけでない。日本の東京のどこかその辺で買って来たパンをさいて、これはイエスの肉なりと言ってみたところで、それはイエスと何の関係もない。またもしパンがなかったらどうするか。聖餐をするために、わざわざ苦労してパンを買って来、葡萄酒を買ってくる必要があるか。パンや葡萄酒は、日本人はもと知らなかったもので、日本では米の飯と米の酒だけであった。米の飯を食べ、米の酒を飲んだのでは、聖餐ができないか。一杯の茶碗の飯を皆でつついて食べ合う。これで聖餐を行なったと言うことが、なぜできないか。このように考えてみれば、パンと葡萄酒とに意味があるわけでない。すべてそれはシンボリズムであり、トラディショナリズムであるということがわかります。イエスと一つ生命に連なり、それによってまた互いに一つに連なることを記念することが本旨なんですから、それを象徴するためには何もパンと葡萄酒でなくてもいい。パンと葡萄酒であってもいいけれども、パンと葡萄酒でなくてもいい。米の飯と米の酒でもいいし、それがなければ他のものでもいいし、あるいは何もなければ何もなくともいい。いっしょに弁当を食ってもいいし、食わなくてもいい。食べるということに拘泥することはないのであって、ともに聖書を学び、ともに祈り、ともに手をとり肩を組んで、イエス我におり、我イエスにおり、またイエスにおることによって我ら互いに一つとなるという信仰を新たにすれば、それでりっぱな聖餐であります。パンと葡萄酒が基督者を造るわけではないのです。それは一つの形であり、象徴であるのですから、しいてその形をとらなくてもいい。精神が把握せられ、それが我々の生活に実現せられるならば、それでよいのです。

あるいは「取りて食え」、「取りて飲め」と、はっきり命令せられているでないかと言われるかも知れませんが、それならイエスが弟子たちを伝道に派遣せられる時「旅のために何をも持つな、杖も袋も糧も銀も」と命令されておる。しかし今時電車賃も持たないで伝道に出かける人はないでしょう。パウロが言ったように「儀文は殺し、霊は活かす」です。神は霊でありますから、霊と真実とをもってこれにつかえなければなりません。聖書に記されている事柄も、その時代の社会事情や生活慣習から出たところの象徴的もしくは伝統的な記事は、その精神を守って、そのことばに拘泥しないようにする必要があるのです。

## 四

無教会主義というものは、エクレシヤをば兄弟姉妹の愛の生活体であると考え、そしてこの生活体に連なるためには洗礼という形式も必要でなく、またその交わりを養っていくために聖餐という形式も必要でない。天の神様を父と仰ぎ、キリストを長子と仰ぎ、キリストに結ばれたものが兄弟姉妹として一つに結ばれる。これがすなわち神の国である。そう信ずるものであるのです。

なぜこれを無教会主義というかと言うと、今日の教会は制度化しておる。きまった制度をもつ教会に連ならなければ基督者と認めない。そしてその制度教会に連なるためには、きまった資格のある人、すなわち按手札を受けた教会の牧師から、洗礼という儀式を授けられねばならない。そして教会に入会した後は、聖餐という儀式を守らなければ信仰を養っていけない。――こう言うのが教会なのです。

これに対して、人が基督者となるのは制度のことではなく、信仰のことである。キリストを信ずればそれによって人は基督者である。そして互いに信仰を表白して、兄弟姉妹として生活するものがエクレシヤである、と言うのが無教会なんです。無教会にも、集まりはある。すなわち兄弟姉妹が集まりまして、ともに讃美しともに祈る。無教会の中にも先生もあり生徒もある。兄もあれば弟もある。無教会は決して孤立主義者ではありません。ただ無教会は固定した制度をもちませんから、「無教会という教会」をたてておるのではありません。無教会にも慣習的にきまった集会の方式があります。しかしそれは人が基督者としてエクレシヤに連なる条件としての制度ではありません。制度教会では伝統的にきまった制度を維持することが大問題なのですが、無教会にはその苦労もその拘束もありません。無教会を支配する生活原理は、霊による信仰の自由であります。

無教会は制度教会そのものを否定するものではありません。よき良心をもって洗礼を受け、教会員となる者はそれでよい。よき良心をもって教会に留る者はそれでよろしい。しいて教会を出る必要はありません。ただ人は制度教会に連ならなくても基督者でありうる。そのことだけは、はっきりさせておかなくてはなりません。しかして論より証拠、無教会でも基督者でありうることは、我が国ではすでに確かな事実によって認められつつあるのであります。

最後に一つだけ申しておきますが、終戦後多くのアメリカ人が来まして、日本の宗教のこともいろいろ調べている。それで私などの書いたものも目に触れるとみえまして、いろんな意味で無教会というものが彼らの注意をひいている様子でありますが、彼らの一ように疑問とするところは、なぜ無教会は組織を作らないかということであります。戦争中において平和の立場をはっきりとったものは、無教会の人々の中に一番多かったようであります。そういう点で彼らは無教会に興味を感じているのでありますが、なぜ無教会は組織をもたないか。組織をもてばもっと有効に活動できるのに、と彼らは言うのであります。これはなかなか大きな問題でありますが、私の意見といたしましては、無教会は組織化せられたならば、それで終わる。無教会は生命であるから、制度的に組織さるべきではない。いろいろのことが今後あろうかと思いますけれども、私自身はその点をはっきりと守っていきたい。そうしなければ内村鑑三先生に対して合わす顔がないと、ひそかに自分で決心いたしました。

# 聖書について

一

聖書を英語でバイブルという。これはギリシャ語のビブロスから出た語であって、「書物」という意味である。これを尊んで「聖書」と言うのである。

聖書は六十六の文書を集めた叢書である。この中旧約聖書に三十九書、新約聖書に二十七書ある。旧約聖書はイエス降誕以前の書物であり、新約聖書はそれ以後に書かれたものである。「約」とは「契約」であって、旧約というのはイエス降誕以前に顕わされた神の救いの約束であり、新約とはそれ以後に顕わされた神の救いの約束である。旧約新約を通じ、約束せられた救主はイエスである。旧約聖書は要するに救主としてキリストが遣わされるという約束であり、新約聖書はキリストが再び来たり給うて救いを完成するという約束である。すなわちイエス・キリストが新旧約聖書全体の中心人物である。世には、旧約聖書はユダヤの聖書であって基督教にとりては重要でないなどと考える向きもあるが、これは大いなる誤解である。旧約を学ばずしては新約の福音は全うせられないのである。

聖書の「約束」または「契約」と言う語は、神と人とが対等の立場で取り引きする意味の双務契約ではない。それはむしろ神の意思の一方的宣言であり、人は自己の意思をもってこれを信じ受ける趣旨のものである。すなわち救いは神の義務としてでなく、神の恩恵として、人の権利としてでなく人の信仰に対して与えられるものである。この恩恵的世界観が新旧約という語の中にすでに現われているのである。

旧約聖書の原語はヘブライ語であるが、紀元前第三世紀中ごろより第二世紀にわたってできた「七十人訳」と呼ばれるギリシャ語の翻訳がある。これはエジプトのアレキサンドリヤに七十人のユダヤ人の学者が集まって翻訳に従事したことから、その名を得たのであるが、紀元前第二世紀末には完成をみたものらしく、新約聖書に引用せられた旧約聖書の文句は、すべてこの七十人訳によっている。

今日伝わっているヘブライ語聖書と七十人訳との間には字句の相異が多くあり、中には七十人訳の方がかえって原意をよく伝えていると思われる個所もある。したがって七十人訳の原文となったものは、今日伝わっているマソレチック正文のヘブライ語聖書とは異なるものであり、それよりもさらに古いヘブライ語聖書の原文が別にあったものと推定される。しかしそれらの古い原文は今日伝わっていない。日本語その他各国現代語の旧約聖書は七十人訳によらず、ヘブライ語聖書によって訳出されているが、各書排列の順序は七十人訳に従い、ヘブライ語聖書によっていない。

ヘブライ語旧約聖書は「律法」、「預言者」及び「知恵」（あるいは「文学」とも呼ばれる）の三つの部分に分かれる。「律法」は創世記から申命記までであって、通常「モーセの五書」と呼ばれるものである。しかしモーセがこれらの書物を著述したのでないことは、モーセの死去の記事が含まれていることでもわかる。有名な人物の名を著述に冠することは古代の慣習であったから、「モーセの五書」がモーセ自身の作でないとしても怪しむには足りない。ただしその中にモーセのことばや書いた物が、断片的に含まれていないとは限らない。古くより伝わったいくつかの資料を集めてこれらの五書が編纂されたのであるから、モーセ自身の言もその中に伝えられていないとは言えないのである。右の編纂事業は、紀元前第八世紀より第六世紀に至る間に、幾度かの改訂を経て行なわれ、それが今日のごとき形でできあがったのはバビロン捕囚の時期であろうと言われる。すなわち政治的に国の滅んだ苦難の時期に、永遠的価値ある霊的事業が成しとげられたのであり、神の摂理はここにも奇しく現われている。神はすべてのできごとを善用し給い、あらゆる境遇を恩恵と化し給うのである。

ヘブライ語聖書で「預言者」と呼ばるる部分は、預言者のほかに、古い時代にできた歴史書（ヨシュア記、士師記、サムエル書、列王紀略）を含む。これらの歴史書はサムエルに端を発した預言者たちが編纂したものと認められ、預言者精神によって貫かれている。一方、ダニエル書は、その性質が預言というよりも黙示文学に近く、ヘブライ語聖書では「預言者」の中に入れられていない。「預言者」に属する諸書の編纂が完成したのは、紀元前一九〇年乃至一八〇年のころであろうと言われる。ただしその資料は遙かに古い時代のものからである。

第三の「知恵」と呼ばるる部分は、詩篇、箴言、ヨブ記、エレミヤ哀歌、ダニエル書並びに新しい時代に書かれた歴史書（歴代志略、エズラ書、ネヘミヤ記、ルツ記）を含むものであって、紀元前第二世紀終わり乃至第一世紀始めごろにはできあがっていたものと思われる。

このようにヘブライ語の聖書には「律法」、「預言者」、「知恵」の三つの部分があり、サマリヤ人はこの中「律法」だけを聖書としてもっていた。ユダヤ人も聖書の中この部分を最も重んじ、あるいは聖書を「律法と預言者」と呼ぶこともあった。すなわち「知恵文学」を比較的軽く見たのであるが、ことにエステル書、伝道の書、雅歌の三つは、これを聖書の中に入れる価値ありや否やについて、ユダヤ人のラビの間に賛否両論があり、ようやく紀元後九十年と百十八年の二度の会議を経て、聖書に取り入れられたのである。

ヘブライ語聖書になくて、ギリシャ語旧約聖書（七十人訳）にあるエズラ第一書等十五書を総称して、「アポクリファ」と呼ぶ（「経外聖書」もしくは「外典」）。これらをキリスト教会の聖書の中に収容する価値ありや否やは、ジェローム以来論議せられたところであるが、ローマ・カトリック教会では一五四六年トレントの宗教会議でこれを正経の中に入れることに定め、これに反し英国国教会では一五七一年にこれを正経に入れないことに決定した。今日プロテスタントの聖書にはアポクリファを含んでいない。その宗教的価値は比較的低いけれども、ヨーロッパの文学や美術に影響を及ぼした点は少なくない。また聖書研究上参考になることもあるから、一読の価値はある。日本語でも『旧約聖書続篇』と題し、昭和九年に聖公会出版社から刊行されている。

二

新約聖書は「福音書」、「使徒」、「黙示」の三つの部分に分けることができる。「福音書」はイエス・キリストの伝記であって、マタイ伝、マルコ伝、ルカ伝、ヨハネ伝の四つある。この中最も古いのはマルコ伝であって、紀元六十四年から六十六年の間にできたものと推定される。マルコ伝のほかに、イエスの言行を集めた「ロギア」(語録)と呼ばれる文書があったらしく(今では伝わっていない)、マタイ伝はマルコ伝とロギアと、そのほかにマタイが直接利用し得た若干の資料に基づいて編述したイエスの伝記であり、ルカ伝は同様マルコ伝とロギアと、ルカ自身の特殊の資料とを利用して著述したイエスの伝記である。共通の資料を用いた関係上、マルコ、マタイ、ルカの記事の間には共通点が多く、それゆえにこの三つを「共観福音書」と呼ぶ。ヨハネ伝は共観福音書よりも新しく、その補充の意味で著述されたものであって、紀元第一世紀末のものと推測せられる。

「使徒」と呼ぶべき部分は使徒行伝と書簡とからなり、「黙示」はヨハネ黙示録である。

今日の形の新約聖書が決定したのは、三九七年のカルタゴの宗教会議である。新約聖書に含まれる二十七の文書のほかに、エジプト人の福音、ヘブル人の福音、パウロ行伝、ペテロ黙示録、バルナバの書簡等があったが、これらは聖書に包含せしむべき価値なき偽書であるとして、排斥せられたのである（「偽典」と総称せられる）。

新約聖書の原語はギリシャ語である。

## 三

以上概説したるごとく、旧新約聖書は紀元前第八世紀より紀元後第一世紀末まで、約九百年にわたる長き期間に編纂せられて来たものであり、資料の年代はそれよりも遥かに古い。すなわち聖書は古き時代の書であり、聖書の中の各書の間にも大なる年代の差がある。このことは聖書を学ぶ上において、第一に注意すべき点である。

聖書は永遠の神の真理を示す書である。しかし神の真理の啓示は人類の生活の様式と精神の発達程度に応じ、換言すれば歴史的なる人類の発達段階に応じて、適当なる形式と適度なる内容をもって行なわれる。すなわち永遠的真理が歴史的に啓示せられるのである。ゆえに我々は第一に、旧新約聖書の全体を、イエス・キリストによりて啓示せられた真理の光において読まねばならない。それによりて古き時代の素朴なる記事の中にも永遠的真理のひそむことを発見するのである。第二に、この永遠的真理を表現するために用いられた形式や生活の背景は、これを歴史的な光の下に読まねばならない。その素朴な表現や、古代的な社会生活をば、近代的標準にて理解しもしくは批評しようとする試みは、方法論上の誤謬である。

聖書の真理は永遠的であるとともに、普遍的である。歴史的にはまずユダヤ人に啓示せられたものであるが、決してユダヤ人だけの民族的真理ではなく、すべての民族、すべての人類に共通する普遍的価値を有する真理である。ただしそれはまずユダヤ民族を通して啓示せられたがゆえに、その表現や衣服がユダヤ的であることは当然である。我々はその表現や背景のユダヤ民族的であることと、それによりて啓示せられている真理そのものの人類的普遍性とを識別しなければならない。しかる時我々は我々自身の民族的及び個人的生活と経験とをもって、独創的に聖書を解釈する力が与えられるのである。

聖書の中心題目は、神が人類を救うために御子イエス・キリストを世に遣わし給うたという救いの恩恵である。聖書を学ぶ目的は、この恩恵を知ることにある。聖書を研究することは言語学的にも、社会学的にも、歴史学的にも、比較宗教学的にも、科学史的にもはなはだ興味あることであるが、たとえこれらの補助的学問の知識は少なくても、救いの恩恵を慕い求める者には、聖書の真理は惜しみなく啓示せられて、そのたましいに永遠の喜悦を与えるのである。

古来聖書と科学との衝突が云々せられ、事実、教会が聖書の名によって科学を圧迫したこともあり、また科学が聖書を嘲笑したこともある。しかしこの争いの大部分は、聖書の成り立ちと性質とをわきまえず、聖書の研究方法を知らざることから生じた誤解である。もしも聖書が永遠的真理の歴史的啓示であり、その資料的素材が人類社会の発達段階と人知の発達程度に応じたる表現を取ったのであることを知るならば、その時代的表現をば永遠的真理そのものと混同し、それに拘泥してあるいは科学の探究を圧迫し、あるいは聖書の権威を否定するごとき愚をなさないであろう。十九世紀末以来聖書研究の方法論的進歩をみたことによって、古来聖書の権威に関して行なわれた論争の多くは無用に帰したのである。

# イエスの生涯

## 一　はしがき

初めてイエス・キリストの生涯について聞かれる人々のために、まず普通に用いられるいくつかの言葉の意味を説明しておこう。

「イエス」というのはユダヤ人の間には珍しくなかった人名であり、言葉そのものの意味は「エホバは救主なり」ということである。

「キリスト」というのは「救主」という意味のギリシャ語であって、ヘブライ語の「メシヤ」を翻訳したものである。「メシヤ」は「膏注《あぶら》がれた者」の意味であって、祭司もしくは王に任職する際には、その頭に膏をそそぐ儀式があった。そのことから転じて、イスラエル民族待望の救主をメシヤと呼び、それをギリシャ語訳してキリストと言ったのである。

「人の子」というのは、イエスが己自身を呼んだ呼称であるが、元来旧約聖書から出た終末観的用語であって、「メシヤ」を指す言葉であった。

「イスラエル」というのは、ユダヤ民族の始祖アブラハムの孫ヤコブの別名であるが、後にはヤコブから出た民族をイスラエルと呼んだ。

「ユダ」もしくは「ユダヤ」は、元来イスラエル民族の十二支族の一つであるが、後には民族全体を指す言葉となった。イエスの時代には、ユダヤ人の住む地は今のパレスチナの南部であるユダヤ地方、北部であるガリラヤ地方、並びにヨルダン川の東部であるペレヤ地方に大別され、ユダヤとガリラヤとの間にあるサマリヤ地方とその住民は、社会的、宗教的に別個の集団をなしていた。

「エルサレム」はユダヤの都であり、イエスの在世当時にはエホバの神殿がそこにあって、ユダヤ人の国民生活の中心を成した。

「エホバ」というのは、旧約時代イスラエル民族に啓示せられた神の名であって、宇宙の創造主たる唯一の神である。その言葉の意味は「有りて有る者」もしくは「有らんとして有らんとする者」であろうと言われる。すなわち永遠の実在者の意味である。（「エホバ」というのは呼びなれた言い方であるが、本来は「ヤーヴェ」と発音したものであろうと言われる。）

「父」というのは、イエスが神を呼んだ名である。換言すれば、「父」という神の性格はイエスによって顕《あら》わされたのである。

「聖書」というのはギリシャ語の「ビブロス」（「書物」の意、英語に訳して「バイブル」という）に、「聖」の字を冠したもので、旧約聖書三十九巻、新約聖書二十七巻、計六十六巻から成る。

「旧約聖書」はキリスト降誕以前にできた書物であって、新約聖書の中に「聖書」と記されているのは、すべて旧約聖書のことである。「旧約」というのは、神がイスラエル民族の始祖アブラハムに約束したもうた契約、もしくはイスラエルの王ダビデに約束し給うた契約を指す。それは一言にして言えば、キリスト降誕の約束である。「新約聖書」はキリスト降誕後の書物であって、「新約」というのはキリストを信ずる者に与えられる救いの約束である。旧約聖書新約聖書は一貫した神の救いの契約であるが、キリストの降誕を中心として旧新を分かったのである。

「福音」（「ふくいん」と読む）とは、キリストによってもたらされた「さいわいな音ずれ」である。すなわちキリストによる救いの告知である。

「福音書」というのは、新約聖書の最初にある四つの書物であり、イエス・キリストが福音を宣べ伝えたことの顚末《てんまつ》を書き記したものである。換言すればイエス・キリストの伝記である。福音書、すなわちイエスの伝記は、マタイの伝えたもの、マルコの伝えたもの、ルカの伝えたもの、及びヨハネの伝えたもの、の四通りある。初めの三つは主要な資料を共通にしていることから、「共観福音書」と呼ばれ、これに対しヨハネの伝えた福音書は共観福音書に漏れた資料を主としており、補完的意味をもって著述されたものであろう。イエスの伝記が四通りも残っているのはありがたいことであって、これによってかなり詳細にイエスの生涯を知ることができる。ただし四つの福音書に記される事件の時間的順序については、不明な点が少なくない。福音書が歴史的文献としての価値を有することは、今日学者の定説である。

これから私は福音書にもとづき、ごく簡単にイエス・キリストの生涯を語ろう。私のやや詳しい『イエス伝』〔矢内原忠雄全集第六巻所収〕は角川書店から出版されている。それよりもさらに、新約聖書自体について直接これを学ぶことが、イエス・キリストの生涯と人物を知る最善の道である。

## 二 イエスの生誕と少年時代

イエスの生まれた年をもって西暦紀元元年としているから、それが今から何年前であったかは、すぐわかる（もっとも計算に四年の誤りがあって、イエスの生誕は西暦紀元前四年であったとの説がある）。

基督教会の慣習としてイエスの生誕祝をクリスマスと称し、十二月二十五日に祝うことになっているが、これはただ慣習上のことであって、その日付に確かな歴史的根拠があるのではない。

イエスの父母は今のパレスチナの北部ガリラヤ地方のナザレという、小高い丘の中腹に立っている村に住んだ。伝説によれば、父ヨセフは指物大工を職業としたという。当時ユダヤはローマ帝国の属領であって、異邦人統治の天才と称せられるローマ人はイズミヤ出身のユダヤ人であるヘロデという者を立てて王となし、いわゆる間接統治を行なっていた。

しかし徴税上の必要から、時々属領の住民の戸口調査を実施した。

皇帝アウグストの時戸口調査の命令が出て、ヨセフは戸籍登録を受けるため、妊娠中の妻マリヤをたずさえて、己が本籍地であるユダヤのベツレヘムに行き、そこでマリヤは男児を分娩《ぶんべん》した。旅宿が満員であったため、ヨセフ夫婦は驢馬小舎《ろばごや》に宿っており、生まれた嬰児《えいじ》はこれを布に包んで馬槽《うまぶね》に臥《ふ》させた。

その夜ベツレヘムの郊外で、徹宵《てつしよう》羊を牧《か》っていた若者たちがいた。夜明け前、小鳥の啼《な》き出すころ、天の使いが彼らに現われて、「恐るな、見よ、この民一般に及ぶべき大なる歓喜の音ずれを我汝らに告ぐ。今日ダビデの町（ベツレヘム）にて汝らの為に救主生まれ給えり。これ主キリストなり。汝ら布にて包まれ馬槽に臥しおる嬰児を見ん。これその徴《しるし》なり」と言った。たちまち数多《あまた》の天使の集団の合唱が起こり、「いと高き処には栄光、神にあれ。地には平和、主の悦び給う人にあれ」との讃美が天地に溢《あふ》れた。牧羊者らは急いでベツレヘムに行き、天使の彼らに告げたとおり、嬰児の馬槽に臥しているのを見た。

ユダヤ人の律法《おきて》の定めに従って、両親は八日目に嬰児に名をつけて、イエスと言った。さらに出産に関する潔めの日が満ちて後、嬰児をたずさえてエルサレムの神殿に上り、鳩二羽をささげて初詣をさせた。かかる場合羊をささげるのが普通であったが、貧しくして羊にまで手の届かざる者のために鳩をもって代える便法が認められていた。それゆえにヨセフ夫婦が鳩をささげたのは、彼らの身分が豊かでなかったことを示すものであった。

宮詣を終えて彼らはナザレの家に帰り、幼児は次第に成長して健《すこ》やかになり、知恵みち、かつ神の恵みがその上にあった。

両親は毎年「過越《すぎこし》の祭」にはエルサレムに上った。「過越の祭」というのは、昔イスラエル民族がエジプトの地を出て、約束の地カナンに向け移動を開始した記念の祭であって、ユダヤ人にとって最も重要な祭日であり、全国からエルサレムに上って神殿に参拝する慣例であった。イエス十二歳の時、両親とともにこの祭のために上京し、両親が帰路についた後もなお宮にとどまり、教師たちの間にすわってかつ聞きかつ問うていた。彼は心配して尋ね帰った両親に向かって言った、「何故我を尋ねたるか。我はわが父の家に居るべきを知らぬか」

十二歳に達すれば、律法の下に完全な責任を負う一人前の男であると認められた。いわば元服の年であった。この年齢に達したイエスに、神をわが父と呼び、神の宮をわが父の家と呼ぶ一種特別なる宗教的自覚の萌芽《ほうが》が現われたものとみえる。彼はヨセフに従ってナザレに帰るよりも、宮に留って教えを聞くことこそ、自己の本来のおり場所であることを感じた。それでも彼は両親とともにナザレに帰り、従順にこれに事《つか》えた。かくて知恵も身のたけもいや増さり、神と人とに愛せられつつ成人した。

父ヨセフは早く世を逝《さ》ったと思われ、これ以後我らはヨセフの名を福音書の記事に見出さない。イエスはたぶん父の職業を嗣《つ》ぎ、自ら指物大工をして、母と弟妹を養ったのであろう。しかしこれは我らの想像に止り、聖書はイエスの十二歳から三十歳までの十八年間については全く沈黙する。

この十八年は、イエスの公生涯に対する重要な準備の期間であった。この期間にイエスが神の心を学んだ道は、おそらく次の三つであろう。

第一は聖書（旧約聖書）である。イエスは聖書をよく読み、その文句を暗記し、その生きた精神をよくつかんでいた。イエスの戦いは聖書をもってする戦いであった。その素養はこの十八年の沈黙の期間に積まれたのである。

第二は自然である。イエスの教訓は多く譬話《たとえばなし》の形で語られ、これらの譬話は自然界の事物の引用に満ちている。空を飛ぶ一羽の鳥、野に咲く一茎の花も、彼の高き教訓の材料となっている。彼の豊富な自然観察もまた、彼に神の真理をさとらせる貴重な準備の一つであった。

第三は労働である。イエスは父亡《な》き後自ら労働して家族を扶養したと思われ、その他彼が農業、漁業、家庭の労働などについて知識と興味をもっていたことが、彼の譬話によく現われている。しかして額に汗する労働こそ、神の心を学ばしめる最善の道なのである。

かくして平民の子イエスは、最も平民的にその三十年の生涯をナザレの田舎町に過ごした。そこには何の見ばえもなく、何の取り立てて言うべきほどの事件も起こらなかったのである。

## 三　伝道の始

イエスが三十歳になった時、ユダヤ人の間に一つの大きな宗教運動が起こった。それはヨハネという人がヨルダン川のほとりに現われ、罪の赦《ゆるし》を得さする悔い改めのバプテスマを宣《の》べ伝えた事件であった。ヨハネの母エリサベツはイエスの母マリヤの親戚《しんせき》であり、イエスの生誕より六か月早くヨハネを生んだのである。

「バプテスマ」というのは「洗礼」と訳され、人の身体を水につけて、また引き上げる儀式である。当時ユダヤ人の間には、パリサイ人、サドカイ人、ヘロデ党などの諸派があって、互いに争っていた。パリサイ人は律法を厳格に守ることを主張したが、形式的な偽善に陥り、角を矯《た》めて牛を殺すの類であった。サドカイ人は神殿に寄生した祭司階級であって、信仰的生命を失っていた。ヘロデ党はローマ帝国の立てた傀儡《かいらい》政権たるヘロデ家を支持する党派であった。これらすべてに対して抗議するエッセネ派という一派もあった。これは荒野に退いて禁欲生活を為し、一日に何度となくヨルダン川でみそぎをして、清浄心の境地に達しようとする人々であった。

エリサベツの子ヨハネは荒野に住み、身に駱駝《らくだ》の粗《あら》き毛衣を着、蝗《いなご》と野蜜を食としたというから、彼はエッセネ派に近い人と思われる。しかしエッセネ派のみそぎ（すなわちバプテスマ）もまた形式的・習慣的であって、人を救う力はない。人の救いはそのような形式的行事の反覆によるのではなく、道徳的な心の新生によらなければならない。人は道徳的に己が罪を悔い改め、義《ただ》しき道徳生活に入らねばならない。一度己が罪に死んで、再び道徳的に生きねばならない。そのことを象徴するものとして、ヨハネは人々にバプテスマを施した。

ヨハネは叫んで言った、「蝮《まむし》の裔《すえ》よ、誰が汝らに、来らんとする御怒を避くべきことを示したるぞ。さらば悔い改めにふさわしき果を結べ。斧ははや樹の根に置かる。されば凡て善き果を結ばぬ樹は、伐られて火に投げ入れらるべし」彼の厳しい道徳的な叫びは、ユダヤ人の間に一大センセーションをまき起こした。全国から多くの人が彼のもとに来て、バプテスマを受けた。しかしてイエスもまたナザレから出て来て、ヨハネのバプテスマを受けたのである。

イエスはバプテスマを受けて祈っていた時、天開けて神の聖霊が鳩のごとく彼の上に降り、かつ天より声があって、「汝は我がいつくしむ子なり、我汝を悦ぶ」と言うを聞いた。十二歳の時おぼろ気ながら抱いた神を父とする思いが、三十歳の今明確なる自覚として彼の心に満ちたのである。今より彼は神から遣わされた神の子たる自覚をもって、神の言を世に宣べ伝えなければならない。

この自覚を抱いたイエスは、しかしながらただちにガリラヤに帰って伝道を開始することをせず、かえってユダの荒野に退いて一人祈りの時を過ごし、四十日四十夜の断食の後、飢えを感じた。その辺一帯に多孔質の石灰岩がごろごろしており、飢えたる目には石もパンと見えたであろう。その時サタン（悪魔）はイエスを試みて、「汝もし神の子ならば、この石に命じてパンと為らしめよ」と言った。これに対しイエスは聖書の言を引いて、「人の生くるはパンのみに由るにあらず」と答えた。神の子の自覚を抱いた直後、悪魔との烈しき対決が始まったのである。

悪魔はまたイエスを高き山に携えのぼりて、瞬時に天下の万国を示し、もしイエスが悪魔を拝むならば、これら諸国の権力と栄華をイエスに与えようと言った。イエスはこの度も聖書の言を引いて、「主なる汝の神を拝し、之にのみ事《つか》うべし」と答えた。

悪魔はついでイエスをエルサレムの神殿の頂に立たせ、イエスがもし神の子ならばここから身を投げよ、神は御使をもてイエスを守らせ給うであろうと言った。イエスは、「主なる汝の神を試むべからず」という聖書の言をもって、この悪魔の誘惑をも撃退したのである。

かくて悪魔のあらゆる試みは終わり、イエスは聖霊の能力に満ちてガリラヤに帰り、諸会堂にて教えを為し、また病者をいやし、その名声四方の地に広まった。

そもそもイエスがヨルダン川にて神の子の自覚を確認せられ、神の召命を受けた直後、荒野にて一人悪魔と対決し、その烈しき試みを受けたのは、神の子とははたしていかなる能力を意味するか、神の子として世に遣わされるとはいかなる活動を意味するかの問題を、徹底的に考え抜かんがためであった。石を化してパンとすること、政治的権力と栄華を掌握すること、高い建築物の頂から飛び降りても怪我をしないこと、およそそのような魔術的能力が神の子の本性であるのではない。神の子は神の言に生きる者であり、神をのみ純粋に礼拝し、神に絶対信頼する者であって、この信仰の能力こそ神の子たる者の証拠である。イエスが神の子であることの証拠は、外側の行為に現われる能力によらず、神との生ける心の結合、換言すれば神との愛の交わりにある。この点をたしかめておくことは、今後のイエスの公生涯にとりて絶対に必要なことであった。イエスはこれから苦難の生涯を送り、終《つい》には十字架の死を遂げる。もしも神の子たることの証明を外形的な権力に求めるとするならば、かかる無力・敗北の生涯は神の子たるの自覚を裏切るものであろう。しかしながら神の意思に己が意思を合致せしめ、神との愛の全き結合に生きることが神の子たる者の本性であるとするならば、公生涯の出発点において与えられたイエスの神の子たる自覚は、終生彼を欺《あざむ》かなかったと言える。

さらにイエスが神の子として世に遣わされるとすれば、彼はいかなる種類の活動を選ぶべきであろうか。パンの供給は経済運動であり、諸国の権力は政治運動であり、宮の頂より飛び降りる奇蹟は宗教運動と言えよう。しかるにイエスは神の子として世に遣わされる使命を果たすについて、これらの世俗的活動による方法をすべて拒否したのである。彼は経済家、政治家、または宗教家として社会的勢力を得、その勢力によりて世を救おうとする一切の方法を拒絶した。しかして神の子として彼に与えられた独特の方法を純粋に把握し、それから退転しもしくは横道にそれることをば悪魔の誘惑として退けたのである。

しからばイエスがキリスト救主として世に遣わされた独特の道とは何であるか。ヨハネはイエスがバプテスマを受けるため、己がもとに来るを見て、「これぞ世の罪を除く神の羔羊《こひつじ》」と言った。イエスが世を救う道は、経済家、政治家、もしくは宗教家としてでなく、世の罪を除く羔羊として、己が身を神にささげることにある。それが何を意味するかは、彼の生涯と死そのものがこれを説明しよう。ともかくイエスは神より遣わされた者としての公の活動を開始するにあたり、自己に課せられた特殊の使命と、その使命を果たすべき特殊の方法について十分に神に祈り、神の意思を確認しておく必要を感じたのであった。

荒野からガリラヤに帰ったイエスは、伝道第一声を挙げて言った、「時は満てり。神の国は近づけり。汝ら悔い改めて福音を信ぜよ」と。「時は満てり」とは、旧約時代以来待ち望まれていたキリスト出現の時は来たとの意である。「神の国は近づけり」とは、愛と平和の満つる神の国は汝らの目の前にあるとの意味である。「悔《くい》改《あらため》」とはギリシャ語でメタノイアと言い、心の向きを変えること、生活態度を百八十度転回することを意味する。「福音」とは喜ばしき救いの音ずれであって、人の生活に対し束縛と重荷を課するところの律法とは全く異なる原理である。「信ぜよ」とは、道徳律を守ることではなく、信仰せよとのことである。

バプテスマのヨハネの教えは、生命の化石した形式主義的な当時の宗教に対し、一大警《けい》醒《せい》を与えた宗教改革であった。彼のバプテスマは「罪の赦を得さする悔い改めのバプテスマ」と称せられた。しかしヨハネの教えの中心は、神の審判を畏《おそ》れて、悔い改めにふさわしき道徳的行為の果を結ぶべきことを説くにあった。峻厳なる道徳性がその特色であった。これに対しイエスの教えはさらに一歩を進め、審判ではなく福音を、道徳ではなく信仰を前面に押し出し、人が悔い改めて福音を信じさえすれば、神の国はすでに眼前にあることを宣《の》べ伝えた。同じく「罪の赦を得さす悔い改め」でも、ヨハネは水にてバプテスマを施し、イエスは聖霊にてバプテスマを施した。換言すれば、ヨハネは水で「罪の赦を得させる悔い改め」を象徴したが、イエスは聖霊によって「罪の赦を得させる悔い改め」の実体を与えた。ヨハネはイエスの先駆者であり、ヨハネが去ってイエスが現われたことによってまことに時は満ちたのである。

イエスが宣教を始めたころには、彼の家はナザレからガリラヤ湖畔のカペナウムに移っていたらしくある。彼の伝道第一声はカペナウムで挙げられたが、やがて故郷ナザレにも来て、会堂で教えを宣べた。その時彼は聖書を開いて、預言者イザヤの書に、「主の御霊われにいます。これ我に油を注ぎて、貧しき者に福音を宣べしめ、我を遣わして囚人に赦を得ることと、盲人に見ゆる事とを告げしめ、圧《おさ》えらるる者を放ちて自由を与えしめ、主の喜ばしき年を宣べ伝えしめ給うなり」とある個所を朗読し、「この聖書は今日汝らの耳に成就したり」と告げた。すなわち汝らの聞いたとおり、イエスは神より油を注がれたキリストとして世に遣わされ、貧者、囚人、盲人、被抑圧者、並びに債務のために苦しめられる者に解放と自由を宣べ伝える。イエスを信ずる者は救いの歓喜に入ることができる、との趣旨であった。

ナザレの会堂の聴衆たちは、皆イエスの口より出ずる知恵と恩恵の言葉をほめながらも、「これヨセフの子にあらずや」と言ってイエスを信じなかった。イエスは彼らにむかい、「預言者は己が故郷にて喜ばるることなし」と言って、遂には激昂してイエスを崖から突き落とそうとした村人らの間を通りぬけ、悠然として去った。イエスを受ける者もあり、受けない者もあったが、とにかくイエスによって新しき教えが説き始められたのであり、時代の夜はガリラヤから明けゆくの思いであった。

## 四　ガリラヤ及び異邦伝道

ただにイエスの言が新鮮であって恩恵に満ちたのみでなく、彼の言には権威があって、悪鬼を逐《お》い出し、病をいやす能力をもった。彼がある安息日にカペナウムの会堂で、悪鬼につかれた一人の人をいやした時、人々は皆驚いて、「これ何事ぞ、権威ある新しき教なるかな。穢れし霊すら命ずれば従う」と互いに語りあった。彼は会堂を出でてただちに、己が最初の弟子の一人であるシモン（別名をペテロという）の家に入り、その姑《しゅうと》の熱病をいやした。彼はガリラヤの町々村々を巡回して、福音を宣べ伝え、多くの病をいやした。多くの群衆が彼の跡を追うて、彼の癒《いや》しにあずかろうとした。しかし彼は決して己を群衆にまかせず、しばしば単身寂しき処にいって、神に祈った。

イエスの名声が広まるにつれ、彼の敵もまた現われた。その第一はパリサイ人であった。この派に属する人々は律法の伝統を厳格に維持することを本旨とし、ことにその中の学者・教法師と称えられる者は、日常生活の細末の点にいたるまで律法を適用するため、その準則を定め、解釈上の伝統を固守することを使命とした。たとえば、モーセの律法の中に安息日の制度があり、「安息日には何の業務をも為すべからず」と規定されている。この命令は、具体的にはいかなる限度において守らるべきか。食物の調理も労働であるとして、安息日には炊事は禁ぜられた。旅行も労働であるとして、ごく短距離のほかは家を離れることを禁ぜられた。医療もまた瀕死の重症の場合のほかは安息日には許されなかった。パリサイ人はこのような規則ずくめをもって人々の生活を規律し、それを厳格に守ることをもって敬虔《けいけん》であるとなしていたのである。それゆえにイエスの自由にして恩恵に満ちた福音と行動に対し、彼らパリサイ人が嫉妬ということのほかに、宗教的生活の見地から敵意を抱いたことは当然であった。

イエスは律法の破壊をこととする過激主義者ではなかった。彼は律法の精神を重んじ、これを成就する者として自ら任じた。しかし律法は人の生命を生かすべきものであって、これを窒息《ちっそく》さすべきものではない。律法の形式が生命を窒息させる時は、その束縛から人を解放することこそ、律法本来の目的を達する道である。かく信じたイエスは、何度かパリサイ人の敵意に接した後、時には意識的にこの問題についてパリサイ人と争ったのである。

ある安息日にイエスはカペナウムで、例のとおり会堂に入ったところ、そこに片手萎《な》えた人がいた。この日もイエスはこの不具者を癒すであろうかと、悪意に満ちたパリサイ人は堅唾《かたず》をのんで様子を窺《うかが》っていた。その思いを知ったイエスは、手萎えた人にむかって一言「中に立て」と言い、さて人々を見渡して、「安息日に善をなすと悪をなすと、生命を救うと殺すと、いずれか善き」と問うた。彼らは黙然としていた。イエスは彼らの心の頑固なるを憂いかつ怒って、手萎えた人にむかい「手を伸べよ」と言った。彼手を伸べたれば、すなわち癒えた。パリサイ人は会堂を出て、ただちにヘロデ党の人々とともに、いかにしてかイエスを亡そうと謀議した。

このヘロデ党というのは、前にも一言したように、ローマ皇帝の庇護《ひご》の下に政権を握っていたヘロデ家の一党である。イエスの生誕当時ユダヤ全国を治めていたヘロデ大王はすでに死に、今ではユダヤ、サマリヤの二地方はローマ帝国の直轄《ちょっかつ》となり、ガリラヤ及びペレヤはヘロデ大王の子ヘロデ・アンチパスがその国守に任ぜられていた。国守（テトラルク）は王よりも格式の低いものであるが、ヘロデ・アンチパスは特に王と呼ばれることもあった。イエスの活動しているガリラヤ地方は、このヘロデ・アンチパスの領内であったのである。

イエスの活動の性格は政治運動ではないのだから、それは直接ヘロデ政権をおびやかすものではなかった。それにもかかわらずヘロデはイエスを恐れた。その理由の一つは、イエスにつき随う多くの群衆のゆえであろう。もしもイエスがその人気と声望を利用して群衆を政治運動に組織するならば、それはたちまちヘロデの地位をくつがえすであろう。当時ガリラヤには暴動が起こり、ローマ帝国の軍隊の派遣によって鎮圧されたこともある。イエスは決して政治運動を組織し、もしくは暴動を煽動《せんどう》する人ではなかったが、ヘロデはヘロデ流にイエスを恐怖したのである。

第二に、イエスは直接政治運動をなさなかったが、その純粋な信仰による生活態度と、高き道徳の教えとは、世俗的なヘロデ並びにその一党にとりて煙たき存在であったに違いない。ことにヘロデはその兄弟ピリポの妻ヘロデヤを奪い、その不倫を責めたバプテスマのヨハネを捕縛してマケラスの牢獄につないだから、ヨハネに代わって現われたヨハネ以上の預言者であるイエスを、いっそう恐怖したに違いないのである。

パリサイ人は元来固陋《ころう》な国粋主義であって、ローマ風の思想と生活に耽《ふけ》るヘロデ党とは氷炭相容れざる間柄であった。しかるに今この二者はイエスを共同の敵として手を握り、イエスを殺す陰謀を企むに至ったのである。

一方では多数の群衆がイエスにつき従い、他方ではパリサイ人とヘロデ党はひそかに彼の生命をねらう。群衆は憐むべきだが頼むに足らず、パリサイ人とヘロデ党は恐るるに足らないが、イエスは己が道の狭きを感ぜざるを得ない。かかる情況の下において、イエスは十二人の弟子を選んで、これを使徒と名づけた。イエスに遣わされて、世に福音を宣べ伝える使命を託された者、との意味である。彼らはイエスの生前においてすでにこの役割を与えられ、イエスの死後においてはその志をついで、広く世界に福音を宣べ伝える戦士となった。

ガリラヤ湖の水は清く、周辺の丘はなだらかな傾斜をもって、春は草が柔らかである。イエスはある時は、湖水の小舟の中から、浜辺に集うた群衆にむかって教えを宣べた。「聴け、種播《ま》く者、播かんとて出ず。播く時、路の傍に落ちし種あり、鳥来たりてついばむ。土薄き磽地《いしじ》に落ちし種あり、土深からぬによりて、速かに萌え出でたけれど、日出でて焼け、根なき故に枯る。茨《いばら》の中に落ちし種あり、茨そだちて塞《ふさ》ぎたれば、実を結ばず。良き地に落ちし種あり、生え出でて茂り、実を結ぶこと三十倍、六十倍、百倍せり」という有名な種播きの譬話は、こうして小舟の中から語られたのであった。

ある時はまた、イエスは山に登って青草を敷き、弟子たちにむかい、幸福なる人とはいかなる人々であるかについて親しく教えた。「幸福なるかな心の貧しき者、天国はその人のものなり。幸福なるかな悲しむ者、その人は慰められん。幸福なるかな柔和なる者、その人は地を嗣《つ》がん。幸福なるかな義に飢え渇く者、その人は飽くことを得ん。幸福なるかな憐憫ある者、その人は憐憫を得ん。幸福なるかな心の清き者、その人は神を見ん。幸福なるかな平和ならしむる者、その人は神の子と称えられん。幸福なるかな義の為めに責められたる者、天国はその人のものなり」という言をもって始まる山上の垂訓は、こうして青草の上で語られたのである。

彼は空の鳥、野の百合《ゆり》を指して、弟子に語った。「我汝らに告ぐ、何を食い何を飲まんと生命のことを思い煩い、何を着んと体のことを思い煩うな。生命は糧にまさり、体は衣に勝るならずや。空の鳥を見よ、播かず刈らず倉に収めず、然るに汝らの天の父はこれを養いたまう。汝らは之よりも遙に優るる者ならずや。又何故衣のことを思い煩うや。野の百合はいかにして育つかを思え、労せず紡《つむ》がざるなり。今日ありて明日炉に投げ入れらるる野の草をも神はかく装い給えば、まして汝らをや。ああ信仰うすき者よ。さらば何を食い何を飲み何を着んとて思い煩うな。先ず神の国と神の義とを求めよ。さらば凡てこれらの物は汝らに加えらるべし」

彼はまた弟子たちに祈りの要領を示して、「天にましますす我らの父よ、願わくは御名の崇められんことを。御国の来たらんことを。御心の天のごとく地にも行なわれんことを。

我らの日用の糧を今日も与えたまえ、我らに負債《おいめ》ある者を我らの免《ゆる》したる如く、我らの負債をも免したまえ。我らを誘惑《こころみ》に遇わせず、悪より救い出したまえ」このように祈れと教えた。

このほか多くの高き教えがイエスの口から語られた。しかし彼につきまとうた群衆の中、何人がその意味を解したであろうか。イエスがある時大なる群衆を見、その牧《か》う者なき羊のごとき状態をいたく憐んで、多くのことを教えているうち、日は西山に懐いて、しかも村里は遠くあった。イエスはそこにあった五つのパンと二つの魚を取り、天を仰いで祝禱をささげ、これを割いて弟子たちにわたし、弟子たちはこれを群衆に供した。すべて人食い飽きて、なお十二の籠にパンの余り、魚の残りが満ちた。かくして養われた者は、男だけで五千人であったというから、婦人子供を加えればさらに多数の群衆であった。

この奇蹟の後、群衆はイエスをとらえて、強いて王としようと謀《はか》った。そのことを知ったイエスは単身にて山に逃げた。イエスは罪の赦《ゆるし》による永遠の生命の糧《かて》を与えようとするのに、群衆は朽つる肉の糧を求めてイエスを王としようとする。イエスは群衆にむかって、「我は天より降りし活けるパンなり。世の生命のために之を与えん」と言った。しかし群衆は彼の言を解せず、彼の弟子の中にも彼に失望して多くの者が離れていった。ここにおいてイエスは十二弟子にむかい、「汝らも去らんとするか」と問うた。シモン・ペテロ言下に答えて言った、「主よ、我ら誰に行かん。永遠の生命の言は汝にあり。又我らは信じ且つ知る、汝は神の聖者なり」

群衆彼を解せず、弟子彼を去り、パリサイ人とヘロデ党彼を憎み、ただ十二弟子のみ彼とともに在る。ガリラヤの春はかげろうて来たのである。イエスは十二弟子を伴い、しばらくガリラヤを去って、北方異邦の地なるツロ、シドンの地方を巡回し、デカポリスの地方を経てガリラヤの海の東岸に来たり、再び北上してピリポ・カイザリヤ地方の村々を回った。その途上彼は弟子たちにむかい、「人々は我を誰と言うか」と問うた。ある者はバプテスマのヨハネの再現だと言い、ある者はエリヤだと言い、ある者は預言者の一人だと言っている、とのことであった。イエスは重ねて、「汝らは我を誰と言うか」と問うた。ペテロは答えて言った、「汝はキリストなり」と。

これはイエスが長く聞こうと欲していた信仰告白であった。彼は単なる預言者でもなく、聖者でもない。彼は神の子キリストである。彼はキリストとして世に遣わされたのである。その信仰告白を十二弟子の一人から聞いて、彼が己が伝道の空しからぬことを知った。しかして彼は必ず多くの苦難を受け、長老・祭司長・学者らに棄てられ、かつ殺され、三日の後によみがえることを教え始め、このことをあらわに語った。ペテロは驚いてイエスを傍に引いて戒めたから、イエスは彼を叱責して、「サタンよ、我が後に退け。汝は神のことを思わず、かえって人の事を思う」と言った。イエスは己が生涯の最後が苦難の死であることを見通した。しかしキリストとして世に遣わされた者が苦難の死を遂げることは、ペテロら弟子たちの理解にあまる事柄であったのである。

イエスはペテロ、ヤコブ、ヨハネの三人の弟子だけを連れて、ヘルモン山に登った。その頂でエリヤとモーセが現われてイエスと語り、弟子たちの前にてイエスの貌《すがた》は変わって神の栄光に輝いた。かつ雲から声が出て、「これは我が愛しむ子なり、汝ら之に聞け」という言を、三人の弟子は聞いた。かつてイエスがヨルダン川でバプテスマを受けた時聞いたと同じ言が、今やヘルモン山頂にて弟子たちに告げられたのである。イエスの地上における生涯は苦難の死に終わろうとも、それによって彼が神の愛子であることに変わりはない。今や死の展望を前にして、イエスの神の子たることが弟子たちの自覚として確認せしめられたのである。

ヘルモン山を下って、イエスの一行はガリラヤに帰った。ガリラヤを出発した時に比べて、イエスがキリストであることの信仰が弟子の口からはっきり告白されたこと、イエスが苦難の死を遂げて後復活すべきことが明白な言葉をもって告げられたこと、この二つの大きな収穫があったのである。

## 五　ユダヤ及びサマリヤ伝道

共観福音書はイエスのガリラヤ及び異邦伝道を主に記述し、ユダヤ伝道については最後の上京の時の一週間を記すのみである。これに反しヨハネ伝では、イエスのガリラヤ伝道の記事は簡略であるが、ユダヤ及びサマリヤ伝道について詳しい。

ある年の過越《すぎこし》の祭の間、イエスはエルサレムに滞在していた。その時パリサイ人にてニコデモという老人があり、ユダヤ人の司《つかさ》たる有力者であったが、世間をはばかって夜ひそかにイエスを訪い教えを乞うた。イエスは彼に答えて、「人新に生まれずば、神の国を見ることは能わず」と言ったところ、ニコデモは驚いて、「人はや老いぬれば、いかで生まるることを得んや。再び母の胎に入りて生まるることを得んや」と言った。これに対しイエスは懇切に、「誠に誠に汝に告ぐ、人は水と霊とによりて生まれずば、神の国に入ること能わず。肉によりて生まるる者は肉なり、霊によりて生まるる者は霊なり。汝ら新に生まるべしと、我が汝に言いしを怪むな。云々」と諭《さと》したのであった。

この時のユダヤ滞在の後、イエスはサマリヤを経由してガリラヤに帰った。ガリラヤとユダヤとの通路はペレヤ経由とサマリヤ経由との二つがあったが、普通に前者がとられ、後者によるものは稀であった。サマリヤ人は、もとはイスラエル民族の一部であったが、その後人種的にも混血の結果純粋さを失い、宗教生活もユダヤ人と離れて別個に営んでいた。彼らはモーセの五書以外には聖書を認めず、またユダヤ人がエルサレムの宮にて礼拝するに対し、彼らはゲリジムの山にてエホバを祭った。ユダヤ人とサマリヤ人とは互いに他を蔑視《べっし》して、平生交際せざる間柄であったから、ユダヤ人はガリラヤとユダヤを往復するに際しても、サマリヤを避け、東に迂回してペレヤを通過する道を選んだのである。

イエスはもとよりサマリヤ人に対する民族的僻見をもたなかったから、彼が今サマリヤを経由してガリラヤに帰ることもいたって自然のことであった。彼がサマリヤのスカルという町に来た時路の傍にヤコブの泉と称《とな》えられる井戸があった。弟子たちは食物を買うため町に行き、イエス一人疲れてその泉の傍に坐っていた。その時あるサマリヤの女が水を汲みに来たから、イエスは一杯の水を所望した。女は言う、「汝はユダヤ人なるに、いかなればサマリヤの女なる我に、飲むことを求むるか」イエス答えて言う、「汝もし神の賜物を知り、また『我に飲ませよ』と言う者の誰なるかを知りたらんには、之に求めしならん。さらば汝に活ける水を与えしものを」女言う、「主よ汝は汲む物をもたず。井は深し。その活ける水は何処より得しぞ」イエス答えて言う、「すべてこの水を飲む者はまた渇かん。されど我が与うる水を飲む者は永遠に渇くことなし。我が与うる水は彼の中にて泉となり、永遠の生命の水湧き出《い》ずべし」女言う、「主よ、わが渇くことなく、又ここに汲みに来ぬために、その水を我に与えよ」

この活発な問答の中に、水を求める者と与える者とは主客の位置を顚倒《てんとう》し、イエスはついに、「真の礼拝者の、霊と真とをもて父を拝する時来らん。今すでに来れり。父はかくのごとく拝する者を求めたまう。神は霊なれば、拝する者も霊と真とをもて拝すべきなり」との深き真理を教えた。女はイエスを救主と信じ、イエスはここに二日留まった。しかして多くのサマリヤ人が彼の教えを聞いて信じた。

神の国を見ようと欲する者は、霊によって新生するを要し、神を礼拝せんと欲する者は、霊と真実をもってこれを拝しなければならない。ここに形式的な律法主義・儀式主義の宗教は粉砕されて、全き霊的宗教が教えられたのであり、イエスによってユダヤ人の宗教は根本的に革命せられたものと言える。否、イエスのごとく純粋な霊的宗教を教えた者は、世界にその比を見ないのである。

後、仮廬《かりいお》の際の時にもイエスはエルサレムに上って、多くの教えを宣べ、また病者を癒した。中にも一人の生まれながらの、盲人の目をあけた時は、それが安息日であったことから、はなはだしくパリサイ人を刺激し、ある者は「かの人安息日を守らぬ故に、神より出でし者にあらず」と言い、ある者は「罪ある人いかでかかる徴《しるし》を為し得んや」と言って、彼らの間に争いが分かれた。ついに目をあけられた当人を呼んで聞いたところ、「彼、罪人なるか、我は知らず。ただ一つの事を知る、即ち我さきに盲人たりしが、今見ゆることを得たる是なり」と答え、さらに「かの人も神より出でずば、何事をも為し得ざらん」と言った。パリサイ人らはかねて相はかり、「もしイエスをキリストと言いあらわす者あらば、除名すべし」と定めていたが、事実の証明は百の詭弁《きべん》にまさり、この盲人は自ら救われた事実に基づいて、イエスを神より出でた義人であると証言したのである。パリサイ人は怒って彼を除名したが、そのことを聞いたイエスはわざわざ彼を尋ね出して、彼に確かな信仰を与えた。

また、冬に宮潔めの祭があり、その時もイエスはエルサレムに上って教えを宣べた。パリサイ人らは彼を捕えようとしたが、イエスはその手より脱れて去り、ヨルダン川の彼方に行って伝道していた。そのところへ、ベタニヤからラザロ病むとの急使が来た。

ベタニヤは橄欖山《かんらんさん》の南東の中腹、エルサレムから二十五丁ばかりの距離にあり、エリコに通ずる街道にそうた村であった。そこにマルタ、マリヤという姉妹と、その弟ラザロと、三人兄弟の家があって、イエスの親しき者たちであった。イエスはラザロの病篤《あつ》き報知を受けたが、「この病は死にいたらず、神の栄光のため、神の子のこれによりて栄光を受けんためなり」と言って、なお二日その地に留まった後、ベタニヤに行った。イエスはラザロの死んだことを知ったが、これを死より復活せしめようとするのである。ベタニヤに行くは、イエス自身パリサイ人の敵意の中にとび込むに等しい。十二弟子の一人なるトマスが他の弟子たちにむかって、「我らも行きて彼と共に死ぬべし」と言ったことから見て、緊迫した情勢を察することができる。

イエスがベタニヤの村に近づいた時、マルタは道に彼を迎えて、「主よ、もし此処にいまししならば、我が兄弟は死なざりしものを」と言った。マリヤも来て、同じ言葉をのべて泣いた。イエスはラザロをどこに置いたかを問うて、涙を流し、傍にいたユダヤ人らさえ感動して、「見よ、いかばかり彼を愛せしぞや」と言った。しかしその中のある者どもは、「盲人の目をあけし此の人にして、彼を死なざらしむること能わざりしか」と言った。

イエスは心を傷めつつ墓にいたり、蓋《ふた》の石を除けさせ、目をあげて神に祈って後、声高く「ラザロよ、出できたれ」と呼ばわれば、死にし者布にて足と手とを巻かれたまま、墓より出て来た。この奇蹟を行なうに先だち、イエスはマルタにむかい、「我は復活なり、生命なり、我を信ずる者は死ぬとも生きん。凡《およ》そ生きて我を信ずる者は永遠に死なざるべし。汝これを信ずるか」と告げたが、多くの人がラザロの復活を見て、イエスが神より遣わされたキリストであることを信じた。

しかるにこの事件の報知を受けた祭司長・パリサイ人らは議会（サンヘドリン）を開いてイエスに対する処置を相談し、この上放任するならば多くの人みなイエスを信じ、それによって己らの権威が失墜し、ローマ人が来て己らの権力を取り上げるであろうと言った。結局彼らは機会を見てイエスを殺すことに衆議一決したのである。

## 六　最後の入京

イエスが宣教を始めてから、三度目の春が来た。多くの人が過越《すぎこし》の祭を祝うため、ガリラヤからエルサレムに向かった。ヘルモン山から下りてガリラヤに帰ったイエスは、十二弟子を伴うて、エルサレム行きの群れに加わった。その所有物をもってイエスに奉仕したガリラヤの女たちも、これに従った。

今やエルサレムには、イエスを殺そうとする謀議が熟しており、その真唯中に乗り込むことは死地に入るに等しい。しかしイエスはこの世を去りて天に挙げられる時の満ちたことを知り、顔を堅くエルサレムに向けて進んだ。道はペレヤを過ぎた。イエスは途上多くの事を弟子たちに教え、またペレヤの町々村々に福音を宣べ伝えつつ、ヨルダン川の彼方を南下し、再び川を西に渡ってエリコを過ぎ、そこから六里の山道を登って、ベタニヤの村に近づいた時、友人の家から引いて来させた驢馬に乗って、都エルサレムに入った。

ベタニヤは復活したラザロの住む村である。今イエスを迎えて異常の興奮に包まれたとみえ、多くの人は己が衣を、ある人は野より伐り取った樹の枝を道に敷き、弟子たちは皆喜んで、その見たところの力あるイエスの業《わざ》につき声高らかに神を讃美し、「讃むべきかな、主の名によりて来たる王。天には平和、いと高き処には栄光あれ」と歌った。その様、あたかも凱旋の王の入京のごとくであった。かくてイエスは宮に着いたが、すでに夕暮れであったから、そのまま引きかえしてベタニヤに宿った。翌《あ》くる日イエスはまたエルサレムに来て、宮に入り、その境内にて売買する者どもを遂《お》い出し、両替えする者の台、鳩を売る者の腰掛を倒し、また器物を持ちて宮の境内を通り抜けするを許さず、かつ教えて、「我が家はもろもろの国人の祈の家と称えられたるにあらずや。然るに汝らは之を強盗の巣となせり」と言った。この神殿粛清を手始めとして、イエスは毎日宮に来て群衆に教え、パリサイ人、サドカイ人と論戦して真理を明らかにし、何人も議論にて彼に勝つ者はなかった。議論にて勝てない者たちは、陰謀をめぐらしてイエスを捕えようと計った。しかし群衆を恐れて、誰もイエスに手出しができなかった。

イエスは昼は宮にて教え、夜はベタニヤに退いて憩うた。ある夜癩病人シモンの家にて食事の席についていた時、ある女が価高き、まじりなきナルドの香油の入った石膏の壺を持ち来たり、壺を毀《こぼ》ってイエスの首《かしら》に注いだ。ある人々はこれを見て憤り、「なに故《ゆえ》かく濫《みだり》に油を費すか。この油を三百デナリ余に売りて、貧しき者に施すを得たりしものを」と言って、いたく女を咎《とが》めた。しかるにイエスは弁護して、「この女はなし得る限りを為して、我が体に香油を注ぎ、あらかじめ葬の備えをなせり」と言ってほめた。死を間近にしているイエスの心を、この女の愛が和げたのであった。

この女の濫費《らんぴ》を咎めた者の中に、十二弟子の一人であるイスカリオテのユダがいた。彼はイエスの霊的な教えを理解せず、物質的方法による救主をイエスに期待した者であったが、この香油の事件を機会として全くイエスに失望し、ひそかに祭司長らのもとに行って、イエスを売ることを申し出た。祭司長らは喜んで、ユダに銀三十枚を与えることを約束した。銀三十枚は奴隷一人の価であったのである。

やがて過越《すぎこし》の祭の第一日、過越の羔羊《こひつじ》を屠《ほふ》るべき日が来た。これを食すべき場所は、エルサレムに限られていた。その夕《ゆうべ》、イエスはエルサレムの市内に準備せられた家に来て、十二弟子とともに過越の食卓についた。

みな席について食する時、イエスは弟子たちにむかって、「まことに汝らに告ぐ。我と共に食する汝らの中の一人、我を売らん」と言った。弟子たちは憂いて、一人一人「我なるか」と言い出でたが、イエスはその名を指すことをせず、「十二の中の一人にて、我と共にパンを鉢に浸す者はそれなり。げに人の子は己に就きて録《しる》されたる如く逝《ゆ》くなり。されど人の子を売る者は禍なるかな。その人は生まれざりし方よかりしものを」と言った。これはイスカリオテのユダに最後の悔い改めを促した言葉であったが、悪魔の入るところとなったユダは心をひるがえさず、一つまみの食物を受けたまま席を立って、大祭司のもとに急いだ。

ユダの去った後、イエスは残る十一人の弟子にむかい、懇々として訣別《けつべつ》の遺訓を述べた。「われ新しき誡めを汝らに与う。汝ら相愛すべし。わが汝らを愛せしごとく、汝らも相愛すべし。互いに相愛することをせば、これによりて人みな汝らの我が弟子たるを知らん」

「汝ら心を騒がすな、神を信じ、又我を信ぜよ。我が父の家には住処《すみか》多し。然らずば我かねて汝らに告げしならん。我汝らのために処を備えに行く。もし行きて汝らの為めに処を備えば、また来りて汝らを我がもとに迎えん。わがおる処に汝らもおらんためなり」

「何事にても我が名によりて我に願わば、我これを為すべし。汝らもし我を愛せば、わが誡めを守らん。われ父に請わん、父は他に助主を与えて、永遠に汝らと共におらしめ給うべし。これは真理の御霊なり」

「助主、即ち我が名によりて父の遣わしたまう聖霊は、汝らに万の事を教え、又すべて我が汝らに言いしことを思い出さしむべし。われ平安を汝らに遣わす。わが平安を汝らに与う。わが与うるは世の与うる如くならず。汝ら心を騒がすな、また恐るな」

「見よ、汝ら散らされて各自おのが処に行き、我を一人残す時到らん。否、すでに到れり。されど我一人おるにあらず、父我と共にいますなり。これらの事を汝らに語りたるは、汝ら我にありて平安を得んためなり。汝ら世にありては患難あり。されど雄々しかれ、我すでに世に勝てり」

イエスはこれらの教訓を語り終えて後、目を挙げ天を仰いで、父なる神に熱誠溢るる祈りをささげた。「父よ、時来れり。子が汝の栄光を顕わさん為めに、汝の子の栄光を顕わしたまえ。汝より賜わりし凡ての者に永遠の生命を与えしめんとて、万民を治むる権威を子に賜いたればなり、云々。今より我は世にあらず、彼らは世におり、我は汝に行く。聖なる父よ、我に賜いたる汝の御名の中に彼らを守りたまえ。これ我等のごとく、彼らの一つとならん為めなり。云々。真理にて彼らを潔め別かちたまえ、汝の御言は真理なり。汝我を世に遣わしたまいし如く、我も彼らを世に遣わせり。また彼らのために我は己を潔め別かつ。これ真理にて彼らも潔め別かたれん為めなり、云々」

かく弟子たちのために切々たる祈りをささげて後、イエスは彼らとともに席を立って、ケデロンの小川の彼方に出で、橄欖山の麓なるゲッセマネという園に入った。時刻はすでに夜更《よふ》けであった。

## 七　十字架と復活

ゲッセマネの園に入ったイエスは、「誘惑に入らぬよう祈れ」と弟子に告げ、おのれは石の投げらるるほど彼らより隔たりて、一人ひざまずいて、「父よ御旨ならばこの酒杯を我より取り去りたまえ。されど我が意にあらずして、御意の成らんことを願う」と祈った。イエスはかく祈りつつ悲しみ迫り、いよいよ切に祈れば、汗は地上に落つる血のしずくのごとくであった。祈りを終え、起《た》ちて弟子たちの処に来て見れば、皆憂いによって眠っていた。イエスは彼らにむかい、「何ぞ眠るか、起ちて誘惑に入らぬやうに祈れ」と言った。

「この酒杯を我より取り去りたまえ」とは、この苦痛をのがれさせ給えとの意味である。敵に捕えられて恥辱《ちじょく》の死につく運命をまぬがれしめ給え、とのことである。しかしこの苦痛の酒杯を飲みほすことが神の意思であるならば、その神の意思に己の意思を一致せしめることをイエスは願ったのである。

イエスがこのように死と対決して苦しんだのは、単に肉体の死の苦痛のゆえではない。神の愛《いつく》しみ給う子たる自覚をもって世に遣わされた者が、十字架の上に恥辱の死を遂げるということは矛盾ではないか。これがキリストたる者の生涯であろうか。イエスは公の生涯に入る端初、荒野に四十日四十夜飢えて、おのが神の子たる自覚をきびしく試練されたように、今や最後の時が迫って、再び己がキリストたるの自覚をきびしく吟味せざるをえなかったのである。

イエスはくり返して祈った結果、キリストとして世に遣わされた者が十字架上の死を遂げることは、神の定めたもうたところであることを確認し、神の意思し給うところに己が意思を一致せしめて、霊の平安を得た。普通のキリスト観からすれば、十字架につけられるキリストは矛盾であり、ノンセンスである。その一事だけで、イエスがキリストであるとの信仰は空中に吹き飛んでしまうであろう。しかしイザヤ書第五十三章は、恥辱の死をとげるキリストを明白に預言している。否、十字架の死をとげることにこそ、イエスがキリストたる意味があるのであり、その死によりてこそ、イエスがキリストとして世に遣わされた使命が成就せられるのである。イエスがゲッセマネの祈りを終えた時、この真理が彼に確認されたのである。

祈り終えたイエスが弟子たちに語って居る時、祭司長・宮守頭・長老らを始め、捕手の群衆が押しよせて来た。イエスがこの園に来ることを知っていたイスカリオテのユダが、先頭に立って道案内をして来た。かねての打ち合わせであったとみえ、ユダは近よってイエスに接吻し、それを合図に群衆はイエスに手をかけようとした。ペテロは剣を抜いて、大祭司の僕《しもべ》の右の耳を切り落としたが、イエスは「之にてゆるせ」と言って、その傷をいやした。かくてイエスは無抵抗に捕縛せられたのである。

人々はイエスを引いて、大祭司カヤパの舅《しゅうと》アンナスの家に来た。彼は大祭司の背後にあって実権を握っている者であり、イエス捕縛の黒幕であったものと思われる。アンナスはイエスに、その弟子とその教えとについて訊問したが、イエスは答えて、「われ公然世に語れり。すべてのユダヤ人の相集う会堂と宮とにて常に教え、ひそかには何をも語りしことなし。何故我に問うか。我が語れることは聞きたる人々に問え。見よ、彼らは我が言いしことを知るなり」と言った。下役の一人が、「大祭司に対し何という口のきき方をする」と言って、平手でイエスを打った。アンナスの前から下げられたイエスを、番卒どもは嘲弄《ちょうろう》し、これを打ち、その日を蔽《おお》うて、「預言せよ、汝を打ちし者は誰なるか」と言って譏《そし》った。時刻は鶏鳴《けいめい》の刻、すなわち午前三時ごろであった。

夜明け早々（午前六時ごろ）、イエスは縛られたまま大祭司カヤパに回され、そこで祭司長・学者・長老らの議会（サンヘドリン）が召集されて、イエスの裁判が開始された。祭司長及び全議会はイエスを死罪に定めようとして、証拠を求めたけれども確実な証言が得られなかった。ユダヤ人の法律では、有罪の判決を下すためには二人もしくは三人の証言の一致することを必要とした。しかるにイエスの場合、多くの告訴人が立ったが、証言の一致がなく、イエス自身は黙して何をも答えなかった。ついに大祭司はじれて、単刀直入、「汝は神の子キリストなるか」と問うた。それに対してイエスは、「我はそれなり。汝ら人の子の、全能者の右に坐し、天の雲の中にありて来たるを見ん」と答えた。これを聞いた大祭司はおのが衣を裂いて言った、「何ぞ他に証人を求めん。汝らこの瀆言《けがしごと》を聞けり。いかに思うか」そこで議会は満場一致で、イエスに死刑の判決を下した。

当時ローマ帝国はユダヤ人の議会に対し、宗教裁判権を認めていた。しかし死刑の判決及び執行は、これをローマ帝国の権限としていた。それゆえ、大祭司及び全議会はイエスに対する死刑の判決を法律上有効なものとするためには、あらためてローマ総督に告訴する必要があった。総督府は海岸のカイザリヤにあったが、エルサレムにも総督の官邸があり、過越の祭の時にはエルサレムに出張するのが常例であった。

祭司長らはただちにイエスを総督ピラトの官邸に曳《ひ》き行き、「我らこの人がわが国の民を惑わし、貢をカイザルに納むるを禁じ、且つ自ら王なるキリストと称うるを認めたり」

イエスは答えて、「汝の言うごとし」と言った。

イエスが国民を煽動《せんどう》して、ローマ皇帝に貢《みつぎ》を納むることを禁じたなどということは、全く事実に反した誣言《ふげん》であった。また彼が「ユダヤ人の王」であることを肯定したとしても、それは全く宗教的な意味であって、政治的意味をもつものでないことを、ピラトはただちに知った。それゆえ彼はイエスを無罪として釈放しようと欲したが、祭司長らはますます言い募って、イエスはガリラヤより始めてエルサレムに至るまで、全国的に暴動を煽動して、ローマ皇帝の権威に反抗した者であると訴えた。

ピラトはイエスがガリラヤ出身者であることを聞いて、おりからエルサレムに滞在中の、ガリラヤの国守ヘロデ・アンチパスのもとにイエスを回した。かねて好奇心からイエスを一見したいと欲していたヘロデは、喜んでイエスにいろいろのことを聞いたが、イエスは何をも答えなかった。祭司長らはここまで追いすがって強くイエスを告訴したが、ヘロデも彼に有罪の判決を下すことを忌避《きひ》し、兵卒どもとともにイエスに侮辱を加えた後、彼をピトラに送り戻した。

過越の祭に際し、総督はユダヤ人の希望に応じて、死刑囚一人を特赦する慣例があった。ピラトはこの慣例を利用して、イエスを釈放しようと計った。しかるに祭司長・学者らは民衆を煽動して、「この人を除け。バラバを赦せ」と叫ばしめた。バラバはエルサレムにて暴動・殺人を起こした罪によって、投獄中の者であった。優柔不断のピラトはついにユダヤ人の声に圧倒せられ、イエスの無罪を信じつつも、これに十字架刑の判決を下した。十字架はローマ帝国の法律による死刑の一種で、ローマ人以外の者並びに奴隷に対して執行せられた死刑の方法であった。

十字架の判決を受けた者には、付加刑として三十ないし四十の笞刑《ちけい》が加えられる定めであった。ピラトはイエスに笞刑を加えた後、十字架刑の執行者である兵卒どもにイエスの身を渡した。

処刑場は郊外のゴルゴタ（「されこうべ」の意味）という丘であった。イエスを中心に、二人の強盗をその左右に、都合三つの十字架が並んで立てられた。時刻は午前九時ごろであった。

その場所は道路にそうており、往来の者どもはイエスを嘲《あざけ》って、首を振りつつ、「ああ宮を毀《こぼ》ちて三日の中に建つる者よ、十字架より下りて己を救え」と言った。祭司長・学者・長老らもともにイエスを嘲弄して、「人を救いて、己を救うこと能わず。イスラエルの王キリスト、いま十字架より下りよかし。然らば我ら見て信ぜん」と言った。ローマの兵卒どもも嘲弄しつつ近よって、「汝もしユダヤ人の王ならば、己を救え」と言った。ともに十字架につけられた強盗の一人さえイエスを譏《そし》って、「汝はキリストならずや。己と我らとを救え」と言った。イエスの頭上には、「ユダヤ人の王、イエス」という罪標《すてふだ》が打ちつけられている。四面、あざけりとそしりの中に、イエスは十字架にかかったのである。その十字架の上から、イエスは神に祈って言った。「父よ、彼らを赦したまえ。その為す所を知らざればなり」と。「彼ら」とは、イエスを捕え、裁判し、侮辱し、嘲弄し、打ち、殺すことに携わったすべての者を指すのであろう。彼らはイエスが神の子であることを知らず、したがって彼らがイエスに対してなすことのいかなる罪であるかを知らずして、これらのことをなしたのであるから、彼らを赦したまえとの祈りである。もしも事前に知ったならば、彼らはこのことをなさなかったであろう。もしも事後に知ったならば、彼らは後悔に胸を貫かれるであろう。彼らにも救いあれかし、というのがイエスの十字架上の祈りであった。

正午ごろ、日、光を失い、地の上あまねく暗くなって、午後三時に及んだ。人々の心が畏怖《いふ》につつまれた中において、イエスは「事終わりぬ」と言った。これは「もうだめだ」という意味ではなく、かえって積極的に万事完了したとの意味である。ついで大声に呼ばわって、「父よ、わが霊を御手にゆだぬ」と言い、かく言って絶命した。兵卒の指揮官であった百卒長は、このありしことを見て神を崇《あが》め、「げにこの人は神の子なりき」と言った。見物の群集も、みな胸を打たれつつ帰って行った。

これがイエスの死であった。十九世紀中葉のドイツの宗教哲学者シュトラウスは自由思想家の立場を取った人であるが、そのシュトラウスですら、「ソクラテスは義人のごとく死んだが、イエスは神の子のごとく死んだ」と批評したのは、この死であったのである。

イエスが絶命した後、アリマタヤのヨセフという敬虔《けいけん》な議員が総督ピラトのもとに行き、イエスの屍体を乞い受けてこれを十字架からおろし、亜麻布《あまぬの》に包んで、岩にほった新しい墓に納め、墓の入口に石をまろばして置いた。その日は安息日の前日であったから、取り急いで屍体を葬ったのである。

ガリラヤからイエスにつき従って来た女たちは、イエスの屍の納められた墓を見、また香料と香油とを買いととのえて安息日を迎えた。

安息日一日は律法に従って休み、その翌日、すなわち一週の初めの日の未明、マグダラのマリヤ、ヤコブの母マリヤ、及びサロメという三人の婦人は、準備した香料・香油を携え、イエスの屍体にぬるために墓に急いだ。来て見れば、墓の蓋にしてあった大石はすでに転ばしてあり、白き衣を着た若者が墓の中に坐するのを見ていたく驚いた。若者（すなわち天使）は女たちに言った、「おどろくな。汝らは十字架につけられしナザレのイエスを尋ぬれど、既によみがえりて、此処にいまさず。見よ、納めし処は此処なり」と。

イエス復活の報は弟子たちにもたらされた。その後数回にわたりて多くの弟子たちに現われた後、復活のイエスは昇天した。イエスが捕縛せられた後弟子たちは姿をひそめ、戸を閉ざしてかくれていたが、復活のイエスが彼らに現われてからは、彼らの信仰に金鉄の筋金が入って、昨日の怯者《きょうしゃ》は今日の勇者となり、迫害に屈せず死を恐れず、イエスの福音を広く世に宣べ伝えて、基督教会の基礎をつくった。初代教会がイエス復活の信仰の上に建てられたことは、現代歴史家の等しく認めるところである。

ユダヤ人は土曜日を安息日として業を休むに対し、基督者が日曜日を「主の日」として守るのは、この日イエスが復活したのを記念するものであって、ここにもイエスの復活によって世界に新しい時代の始まった徴《しるし》がある。

イエスが公の宣教を始めたのは三十歳のころであり、彼の宣教は長くて三年であったから、イエスの死んだ年は三十三歳、もしくはそれ以下であったと思われる。彼が捕えられたのが真夜中であったとすれば、十字架につけられるまでわずかに九時間であり、この間、アンナス、カヤパ、ピラト、ヘロデ、またピラトとたらい回しにされて、不法の裁判を受け、侮辱と虐待の中に死んだ。外面的に見れば彼の生涯は悲惨な失敗であった。しかし彼が単に勝《すぐ》れた道徳もしくは信仰の教師たるに止らず、人の罪を赦し、永遠の生命を与うる救主であるためには、「世の罪を負う神の羔羊《こひつじ》」としてこのような死を遂げ、しかして三日目によみがえることこそ神の経綸《けいりん》であった。この神の意思を己の意思としたことが、イエスの神に対する完き従順であり、イエスが「神の子」たる所以《ゆえん》であった。イエスは己《おの》が霊魂をかたぶけて死に至らしめ、愆《とが》ある者とともに数えられた。彼は多くの罪を負い、愆ある者のためにとりなしをなした。彼の打たれた傷によって、彼を信ずる者は癒されたのである。

（一九四九年一月稿）

# あとがき

「イエスの生涯」は今度この冊子のために新たに書いたものであり、「キリスト教早わかり」はかつて昭和二十一年十二月、非売品として嘉信社から発行したものである。＊
日本人の多数はあまりにも基督教を知らなさすぎる。文化国民としてはどうしても、イエスの生涯と基督教の教理についてひと通りの知識はもたなければならない。そうでなければヨーロッパやアメリカの文化・学問・芸術をよく理解することができず、今の時代に生きる人間として教養の不足を暴露することになる。
それだけでない。この困難な時代にありていかに正しく生きるか、どこに生活の希望を見出すか、心の平安とたましいの歓喜はどこにあるか、心のよりたのみとする大磐石の立場はどうして得られるか。その希望と力を得るために、イエスの教えを学ぶことは実に有意義である。
個人を正しい人間とし、家庭を清い家庭としなければ、日本の国の復興はできず、真の民主的な国民にはなれない。制度や組織の改革の基礎に、どうしても人間としての救いがなければならない。

こうして日本が正しい国として復興することは、世界の平和・人類の福祉に真に寄与する道である。これらのことのためにも、基督教の信仰が何であるかを、なるべく多数の日本人に知ってもらいたいと思うのである。

私の心を占める二つの大きな事柄がある。それは福音と平和である。人々の心にイエスの福音がやどり、それによって動かぬ平和が、個人にも、家庭にも、国にも、世界にも実現することが私の祈りであり、この小冊子もまたその祈りをもって世に送り出される。

昭和二十四年（一九四九年）一月

東京自由ヶ丘にて

矢内原忠雄

＊この冊子とは「キリストの生涯」（郵政省・一九四九）のことである。この「あとがき」は、その冊子のためのものの転載である。

# 解説

竹下節子

矢内原忠雄は戦後の新生東京大学の初代総長（戦後の総長としては南原繁に次いで二代目）として名を残す経済学者だが、第一高等学校時代に内村鑑三の聖書研究会に出席したことで、制度を持たない無教会主義のキリスト者となり、学生の人生の指針としてキリスト教信仰を伝えることを使命とした。新渡戸稲造の人道主義の影響を受けて軍国主義を糾弾したため、戦時中に東大教授辞任に追いこまれた。

大東亜戦争から世界大戦へと挙国一致の軍事体制が強化された時代は、日本において「西洋」由来の宗教だとみなされていたキリスト教信者にとっては試練の時だった。ローマ・カトリック教会は同盟国イタリアと関係が深かったので比較的生き延びやすかったが、敵国英米と関係の深いプロテスタントには厳しく、多くは共同体の維持のために軍国主義に迎合せざるを得なかった。絶対平和主義で兵役を拒否する宗派は弾圧され、結局、どの組織にも属さない無教会主義の信仰者たちがそれぞれの信念を貫いてさまざまに生きた。矢内原忠雄はその一人だ。軍国主義者の権威が失墜し、国が荒廃した時、東大に復職した矢内原は、祖国を真に復興させ、足場を失った若者たちに新たな希望と生きる指針を与えるために、民族や文化の差を越えたキリスト教の普遍的な赦しと復活の教えを伝える使命を自らに課した。

実際、天皇の「神」性が突如として否定された後、多くの日本人は、他の「神」を探すことなく「無宗教」というスタンスを選択していた。そんな「復興プラグマティズム」の中で切り捨てられる弱者を救うことであらたな場所を確保したのが、戦時中には他の「老舗宗教」よりもひどく弾圧された「新興宗教」だった。一方で、「マジョリティの日本人」は、宗教の意味など掘り下げることなく、冠婚葬祭を継承するだけで、経済的な「復興」にひたすら邁進したのである。

その結果、国が復興した後には、排他的な新宗教や反社会的なカルト宗教が力を蓄えたり、禁欲的な「復興プラグマティズム」に身を投じていた人たちが過酷な「自由競争」と「拝金主義」へ突入して疲弊したりするという状況が出現した。その上、世界はグローバル化し、もはや内輪の以心伝心では国際社会を生き抜くことすら難しくなった。このような危機的状況においては、それまでないがしろにされてきた伝統宗教の力は弱い。生存競争からはじかれた人や未来の希望を失った人は、自殺したり、国粋主義に走ったり、再び軍国主義を夢見たりすることになってしまう。

むろん、欧米の「先進国」も今や軒並み疲弊して財政危機を迎えている。といっても、西洋のキリスト教国には、これまでの聖俗の戦いや無神論、啓蒙主義に市民革命といった政教分離に至る長い歴史を経て、宗教や信仰の意味やその逸脱についての批判的論考の膨大なストックがある。宗教に関しては無批判に盲信するか逆に頭から切り捨てることの多い日本とは、根本的に違う。

矢内原忠雄は、そのようなキリスト教国の伝統的な批判精神にもまれて紡がれた護教論を知り抜いていたからこそ、それを日本の若者にも通用する普遍的な救いのメッセージとして論理的に差し出したのだ。そこには、昔も今も誤解を受けるような日本における奇妙なキリスト教観はない。天照大神の建国神話をとくに信じてもいない「普通の人」が、ある日友人から深刻な顔で突然、「この世はエホバがお創りになったんだ、キリストが僕たちの原罪を贖うために十字架にかけられたんだ」と言われて驚倒し、それ以来つき合わなくなったという類のエピソードは少なくない。子供の頃に洗礼を受けたカトリック作家としてカミングアウトしていた人気作家の遠藤周作ですら、小説（『私のもの』）の中で、自分の分身である作家に「信仰とか洗礼とかいう言葉が大嫌い」で、「ジョン山田とかヘンリー山田という二世の名前のように軽薄で青くさい臭いがひどくする。（…）自分の心を他人にむきだしにして平気でいる無神経なものが感じられる」と語らせている。同じことを矢内原忠雄は、自分が子供の頃に「キリスト教はバタ臭い」と非難されていたと述べ、キリスト教と西洋人を混同するなと注意する。さらに、キリスト教国も互いに戦争しあっている、とか、ピューリタンの禁欲的な生活態度が偽善的だとか傲慢だとか聖人ぶっているという批判も紹介している。

これらの批判は、ニュアンスは変わっても今も広く通用しているものだ。矢内原は、キリスト教国の国民が真にキリストを信じているなら愚行をするはずはないので、真の信仰がないのであるとして、信仰の本質と人間の愚行の結果とを弁別する。ピューリタンの節制は戒律に堕してはならないとし、この世での精進は過程であって完成ではないこと、キリスト者は自我の矛盾に悩み続けることを確認する。また科学と迷信の関係、宗教無用論についても論点を次々と整理して説得力のある論を、あざやかに、かつ誠実に、展開していく。

このような理路整然とした明快な論議を進められること自体が、矢内原が西洋キリスト教の葛藤の歴史や、誤謬とその是正の試行錯誤の果実を知り尽くしていたことを物語る。だからこそ、敗戦の後で「民主主義」を採用しても実は昔から何一つ代わらず、経済の繁栄に目をくらまされて実存的な弱さの手当てを怠ってきた結果、希望や目標を失って漂流するに至った二一世紀の日本において、矢内原の言葉が貴重な証言であり続けるのだ。

矢内原はこのようにアカデミックで強固な論を進めながら、それが決して恣意的な理論のための理論ではなくて、聖霊に促がされた神の恵みであることを忘れない。キリスト教護教論であっても、「キリスト教が他の宗教よりも優れている」という視線ではない。あれこれ比べて選択したのではなく、自分がキリスト教に選ばれた。伝えられ、聞き、信じて、生命を与えられたと確信したからこそ、彼にとってそれが唯一絶対となったのである。その立場に立ってはじめて、他の宗教を研究し、寛容と尊敬の念を持つことができる。『キリスト教入門』は一九五二年の学生運動の暴力主義を戒めた後に学生に贈る人生論として書かれた。『キリスト教早わかり』、『無教会早わかり』、『聖書について』、『イエスの生涯』は、個人誌などに掲載されたものである。そのいずれにおいても矢内原の知的誠実さと信仰の誠実さが貫かれている。戦後の若者だけではない。二一世紀の若者も、人生の指針を求めている。形を変えた新興宗教がマーケッティングの力を駆使してお手軽な「スピリチュアル」を広く提供して成功しているのはその証拠だ。

キリスト教によって人は信仰と希望と愛の次元で生まれ変わると矢内原は述べる。その彼の姿勢から私たちが受け取るのは、誠実と忍耐と理性への信頼だ。党派性のない無教会主義の矢内原の手によるだけに教義《ドグマ》にとらわれないこの本は、キリスト教に縁のない日本人にとって言われなき警戒心なしにその本質に迫らせてくれる良質の入門書である。同時に、キリスト教二千年の歴史とともに少しずつ築き上げられてきた西洋近代民主主義の核となる理念を、日本の近現代を生きた深い知性が洞察した稀有な記録として、今こそ多大な意義を持つに違いない。

（比較宗教思想）

編集付記

●本作品は一九五二（昭和二七）年十一月に角川新書として刊行され、一九六八（昭和四三）年九月に「イエスの生涯」を加えて角川選書に収録された。本書は角川選書を底本とした。

●新字新仮名表記は底本に拠る。明らかな誤字・脱字は新書版を参考に訂正した。（例――「救わない」→「救《すくい》はない」（76頁）、「本質的になる」→「本質的に異なる」（82頁））著者の判断により使用した可能性のある表記はそのままとした。（例――「始めて」（初出125頁）、「キエルケゴール」（初出113頁））

●今日の人権意識に照らして差別語及び差別表現と思われる言葉があるが、本作品が描かれた時代背景や著者が故人であることを考慮し、刊行時のままとした。

編集部

中公文庫

キリスト教入門《きょうにゅうもん》

2012年4月25日　初版発行
2018年3月25日　再版発行

著　者　矢内原忠雄《やないはらただお》

発行者　大橋 善光

発行所　中央公論新社
〒100-8152　東京都千代田区大手町1-7-1
電話　販売 03-5299-1730　編集 03-5299-1890
URL http://www.chuko.co.jp/

ＤＴＰ　嵐下英治
印　刷　三晃印刷
製　本　小泉製本

Published by CHUOKORON-SHINSHA, INC.
Printed in Japan　ISBN978-4-12-205623-7 C1114

定価はカバーに表示してあります。落丁本・乱丁本はお手数ですが小社販売部宛お送り下さい。送料小社負担にてお取り替えいたします。

●本書の無断複製(コピー)は著作権法上での例外を除き禁じられています。また、代行業者等に依頼してスキャンやデジタル化を行うことは、たとえ個人や家庭内の利用を目的とする場合でも著作権法違反です。

各書目の下段の数字はＩＳＢＮコードです。978－4－12が省略してあります。

# 中公文庫既刊より

ウ-7-1
寛容論
ヴォルテール
中川 信 訳
新教徒の冤罪事件を契機に、自然法が不寛容に対して法的根拠を与えないことを正義をもって立証し、宗教を超えて寛容の重要性を説いた不朽の名著。初文庫化。
205424-0

タ-6-1
忘れられた日本
ブルーノ・タウト
篠田英雄 編訳
世界的建築家による三年間の日本滞在見聞記。桂離宮、伊勢神宮など建築物から禅、床の間など日本人の心象・季節感まで幅広く語る論考集。〈解説〉斉藤 理
204877-5

テ-2-1
方法序説・情念論
デカルト
野田又夫 訳
私は考える、ゆえに私はある——デカルトの学問的自叙伝ともいうべき「方法序説」に、欲望などの情念制御の道について考察した「情念論」を加える。
200076-6

テ-4-1
自殺論
デュルケーム
宮島 喬 訳
自殺の諸相を考察し、アノミー、生の意味喪失、疎外など、現代社会における個人の存在の危機をいち早く指摘した、社会学の古典的名著の完訳決定版。
201256-1

テ-6-1
仏の教え ビーイング・ピース ほほえみが人を生かす
ティク・ナット・ハン
棚橋一晃 訳
詩人・平和活動家として名高いヴェトナム出身の禅僧である著者が、平和に生きること、仏の教えを平易な言葉で語る。現在のこの瞬間への冒険と発見の書。
203524-9

ニ-2-1
ツァラトゥストラ
ニーチェ
手塚富雄 訳
歴史の曲り角にはニーチェがあらわれる。人間性の回復を終生の主題とした詩人哲学者の雄渾な思想は、最高の訳者を得て、ここに生き生きと甦る。
200010-0

ハ-2-1
パンセ
パスカル
前田陽一
由木 康 訳
人間性にひそむ矛盾を鋭くえぐり、真の人間幸福の問題を追求した本書は、あらゆる時代を超えて現代人の生き方にせまる鮮烈な人間探求の記録である。
200060-5

フ-3-1
イタリア・ルネサンスの文化（上）
ブルクハルト
柴田治三郎 訳
歴史における人間個々人の価値を確信する文化史家ブルクハルトが、人間個性を謳い上げたイタリア・ルネサンスの血なまぐさい実相を精細に描きだす。
200101-5

フ-3-2
イタリア・ルネサンスの文化（下）
ブルクハルト
柴田治三郎 訳
本書はルネサンス文化の最初の総括的な叙述であり、同時代のイタリアにおける国家・社会・芸術などの全貌を精細に描き、二十世紀文明を鋭く透察している。
200110-7

モ-5-5
ルネサンスの歴史（上）黄金世紀のイタリア
I・モンタネッリ
R・ジェルヴァーゾ
藤沢道郎 訳
古典の復活はルネサンスの一側面にすぎない。天才たちが活躍する社会的要因に注目し、史上最も華やかな時代を彩った人間群像を活写。〈解説〉澤井繁男
206282-5

モ-5-6
ルネサンスの歴史（下）反宗教改革のイタリア
I・モンタネッリ
R・ジェルヴァーゾ
藤沢道郎 訳
政治・経済・文化に撩乱と咲き誇ったイタリアは、宗教改革と反宗教改革を分水嶺としてヨーロッパ史の主役から舞台装置へと転落する。〈解説〉澤井繁男
206283-2

フ-4-1
精神分析学入門
フロイト
懸田克躬 訳
性の魔力を主張し、近代の人間観に一大変革をもたらした精神分析学の全体系とその真髄を、フロイトみずからが解りやすく詳述した代表的著作。
200050-6

フ-10-1
ヨーロッパ諸学の危機と超越論的現象学
E・フッサール
細谷恒夫
木田元 訳
著者がその最晩年、ナチス非合理主義の嵐が吹きすさぶなか、近代ヨーロッパ文化形成の歴史全体への批判として秘かに書き継いだ現象学的哲学の総決算。
202339-0

フ-14-1
歴史入門
F・ブローデル
金塚貞文 訳
二十世紀を代表する歴史学の大家が、その歴史観を簡潔・明瞭に語り、歴史としての資本主義を独創的に意味付ける、アナール派歴史学の比類なき入門書。
205231-4

ホ-1-1
ホモ・ルーデンス
ホイジンガ
高橋英夫 訳
人類文化は遊びのなかで遊びとして生まれ発展した。「遊びの相の下に」人類文化の根源を明らかにした、世紀の最高の文化史論と謳われる不朽の名著。
200025-4

各書目の下段の数字はISBNコードです。978－4－12が省略してあります。

ホ-1-3
中世の秋（上）
ホイジンガ
堀越孝一 訳
二十世紀最高の歴史家が、中世人の意識をいろどる絶望と歓喜、残虐と敬虔との対極的な激情をとらえ中世文化の熟しきった華麗な全体像を精細に描く。
200372-9

ホ-1-4
中世の秋（下）
ホイジンガ
堀越孝一 訳
二十世紀最高の歴史家が、中世文化の熟しきった華麗な全体像を精細に描く。本巻では「信仰の感受性と想像力」「生活のなかの芸術」「美の感覚」などを収録。
200382-8

ミ-1-2
ジャンヌ・ダルク
J・ミシュレ
森井真
田代葆 訳
田舎娘の気高い無知はあらゆる知を沈黙させた――『フランス史』で著名な大歴史家が、オルレアンの少女の受難と死を深い共感をこめて描く不朽の名著。
201408-4

ミ-1-3
フランス革命史（上）
J・ミシュレ
桑原武夫／多田道太郎／樋口謹一 訳
近代なるものの源泉となった歴史的一大変革と流血を生き抜いた「人民」を主人公とするフランス革命史の決定版。上巻は一七九二年、ヴァルミの勝利まで。
204788-4

ミ-1-4
フランス革命史（下）
J・ミシュレ
桑原武夫／多田道太郎／樋口謹一 訳
下巻は一七九二年、国民公会の招集、王政廃止、共和国宣言から一七九四年のロベスピエール派の全員死刑までの激動の経緯を描く。〈解説〉小倉孝誠
204789-1

モ-5-4
ローマの歴史
I・モンタネッリ
藤沢道郎 訳
古代ローマの起源から終焉までを、キケロ、カエサル、ネロら多彩な人物像が人間臭い魅力を発揮するドラマとして描き切った、無類に面白い歴史読物。
202601-8

え-10-7
鉄の首枷　小西行長伝
遠藤周作
苛酷な権力者太閤秀吉の下、世俗的野望と信仰に引き裂かれ、無謀な朝鮮への侵略戦争で密かな和平工作を重ねたキリシタン武将の生涯。〈解説〉末國善己
206284-9

え-10-8
新装版　切支丹の里
遠藤周作
基督教禁止時代に棄教した宣教師や切支丹の心情に強く惹かれた著者が、その足跡を真摯に取材し考察した紀行作品集。〈文庫新装版刊行によせて〉三浦朱門
206307-5

# 竹下節子　好評既刊

**中公文庫**

---

聖人の逸話と生成構造。現代版「黄金伝説」

## 聖者の宇宙

古代、中世から現在に至るまで、カトリックが認定した様々な聖者の逸話を辿りながら、誕生の過程とシステムを分析する。神と人の間をとり結ぶ聖者が各々に果たす役割を論じつつ、民衆の想像力や祈りの意味を問い質す「聖者論」の決定版。世俗と宗教のかかわりを再考する好著。幸せを招く聖者カレンダー付。

---

ヴァティカンから読み解くヨーロッパ史

## ローマ法王　二千年二六五代の系譜

十億八千万にものぼる世界のカトリック信者のネットワークを駆使した最先端のヴァーチャル国家ヴァティカン。その頂点にたつローマ法王とは如何なるものなのか？　気鋭の比較文化史家・宗教研究家が、二千年にわたってヨーロッパの文化や精神の核として歴然と存在し続けたこの超国家的・超宗教的な怪人の姿を過去・現在・未来の重層する歴史の中に探る。

---

中央公論新社刊

# 竹下節子 好評既刊

単行本

## 無神論
### 二千年の混沌と相克を超えて

古代ギリシャからポストモダンまで、世界史を動かした「負の思想」の系譜を辿り、変容と対立から生まれた成果から人間の存在や生き方について新たな可能性を模索する画期的な論考。

ゴンクール賞作家が描く禁断のミステリー・ロマン
## 聖骸布の仔
ディディエ・ヴァン・コヴラルト著
竹下節子訳

二〇二六年、アメリカ政府はイエスのクローン計画を再始動、クリントン政権下で聖骸布の血痕から造られたという若者を発見した！ 様々な陰謀が渦巻き、予期せぬ結末を迎える……。

## 聖女の条件
### 万能の聖母マリアと不可能の聖女リタ

なぜ無数の聖女が必要なのか？ ジャンヌ・ダルクからマザー・テレサまで、中世から現代までの様々な聖女の波瀾の生涯と奇跡の謎を比較分析、受容の変遷から人々の癒しの構造を探る。

日常のなかでいかにして、超常を生き抜くか？
## 大人のための スピリチュアル「超」入門

お告げ？ 御出現？ 古今東西の不思議現象から五感の官能と敬虔を見極め、水、火、夢、オーラ等から聖なる力を拝領する……「あっちの世界」と上手につきあうための知的スピリチュアル生活のすすめ。

## レオナルド・ダ・ヴィンチ 伝説の虚実
### 創られた物語と西洋思想の系譜

ヴァザーリ、フロイト、ヴァレリーからダ・ヴィンチコードまで。万能の天才、魔術師、錬金術師、秘密結社の首領。ルネサンス以降、様々な妄想に紡がれた伝説の変容を西洋思想の地下水脈から検証する。

中央公論新社刊